Aus dem Englischen von Aranka Schindler

Titel der Originalausgabe:
How to Speak Dog
Copyright der Originalausgabe
© 2007 Marshall Editions

Marshall Editions
The Old Brewery
6 Blundell Street
London N7 9BH

edelkids GmbH
Neumühlen 17
22763 Hamburg

Printed and bound in China

ISBN: 978-3-89855-931-7

www.edelkids.de

DEIN HUND UND DU

von Sarah Whitehead

Inhalt

Einführung

Unsere Hunde sind nicht nur Haustiere. Sie sind Mitglieder unserer Familien. Wenn du deinen Hund kennen und verstehen lernst, wirst du mit ihm kommunizieren und eine einzigartige Bindung zu ihm herstellen können.

Mit deinem Hund zu kommunizieren, ist ganz einfach, wenn du weißt, wie es geht! Wie beim Erlernen einer neuen Sprache ist es wichtig, Geduld zu haben. Es gibt viele Unterschiede, aber auch einige Gemeinsamkeiten in unseren Sprachen: Hunde benutzen zwar keine Wörter, um sich auszudrücken, doch sie haben viele andere Möglichkeiten, um ihre Gefühle und Absichten zu zeigen. Die Bedeutung der verschiedenen Körperhaltungen und Gesichtsausdrücke deines Hundes zu lernen, ist eine aufregende Reise in das Leben einer komplett anderen Spezies. Obwohl alle Hunde grundsätzliche Hundeeigenschaften teilen, gibt es

große Unterschiede zwischen den verschiedenen Rassen, Typen und sogar den Individuen. Wie ein Mensch hat jeder Hund seinen eigenen Charakter, eigene Vorlieben, Abneigungen und Bedürfnisse. Es liegt an uns herauszufinden, worin diese bestehen.

Jeder Hund hat seinen eigenen Charakter, eigene Vorlieben, Abneigungen und Bedürfnisse.

Wenn Hunde bellen, kommunizieren sie. Menschen brüllen vielleicht stattdessen!

Ob du einfach nur ein gut erzogenes Haustier möchtest oder von einem Champion träumst: Dein Hund braucht Sicherheit, Pflege, Kameradschaft und Zuneigung. Er braucht Belohnungen für gutes Benehmen, Verständnis für seine Einzigartigkeit und die Möglichkeit, seine natürlichen Instinkte ausdrücken zu können. Unsere Aufgabe ist es, so viel wie möglich über unsere Hunde zu lernen. Zur Belohnung bekommen wir den besten Freund, den man sich wünschen kann!

Genau wie wir müssen Hunde auch lernen, höflich zu sein und sich der täglichen Routine und Lebensweise anzupassen. Sie müssen beigebracht bekommen, wie sie mit uns kommunizieren können, um mit uns zu leben. Doch deinen Hund zu erziehen, sollte kein Machtkampf oder eine Pflicht sein, sondern euch beiden Spaß machen. Zu verstehen, was dein Hund „sagt", wird den ganzen Erziehungsprozess einfacher und effektiver machen. Dein Hund wird sich freuen, viel Zeit mit dir verbringen zu können und bei jeder Gelegenheit neue Fähigkeiten erlernen.

Hunde sind nicht nur Haustiere. Sie sind Mitglieder deiner Familie.

Dein Hund und du

Hunde besitzen erstaunliche Fähigkeiten! Sie sind liebevoll, spaßig, verspielt, anhänglich und zutraulich. Sie können auf dem Bauernhof helfen, Blinde führen, uns beschützen, als Spürhunde arbeiten und uns ein wunderbarer Kamerad sein. Kein anderes Tier hat so eine enge Beziehung zu den Menschen aufgebaut. So wie wir können auch Hunde kommunizieren – miteinander und mit uns. Daher können sie unsere besten Freunde werden!

Natürlich möchtest du dich um deinen besten Freund kümmern. Hunde brauchen Futter, Wasser und einen gemütlichen Platz zum Ausruhen. Sie brauchen Pflege, um in Spitzenform zu bleiben, Bewegung, damit sie fit bleiben, und tierärztliche Fürsorge, um ihre Gesundheit zu erhalten. Alle Hunde benötigen Training, damit sie lernen können, sich unserem Leben anzupassen. Außerdem sind Kameradschaft und Sicherheit von großer Bedeutung. Genau wie Menschen sind auch Hunde alle verschieden. Jeder Hund hat etwas andere Bedürfnisse, je nach Alter, Rasse und individuellen Vorlieben und Abneigungen. Genau zu lernen, was dein Hund braucht, kann Spaß machen. Und je mehr du ihn verstehst, desto mehr wirst du ihn schätzen können.

Kein anderes Tier hat
so eine enge Beziehung
zu uns aufgebaut.

Einen Hund besitzen – Gefährten fürs Leben

Einen Hund zu besitzen, ist eine Freude, bedeutet aber auch Verantwortung. Hunde geben uns so viel – Kameradschaft, Vertrauen, Loyalität, Schutz und Spaß – sodass wir es ihnen schuldig sind, jeden Abschnitt ihres Lebens so schön wie möglich zu gestalten.

Welpen müssen lernen, bei uns still zu sein und sich ruhig zu verhalten.

Das Welpenalter

So wie ein kleines Baby ist ein Welpe in Bezug auf sein Überleben und Wachstum total abhängig von seiner Mutter. Allerdings ist er schon sehr schnell dabei, seine neue Welt zu erkunden. Du musst die Verantwortung ab da übernehmen, wo die Welpenmutter aufgehört hat. Das bedeutet, für Nahrung, Wasser, einen Platz zum Schlafen und Zuneigung zu sorgen und den Welpen so zu erziehen, dass er in dein Leben und das deiner Familie passt.

Welpen müssen soziale Fähigkeiten erlernen, um mit uns und anderen Hunden kommunizieren zu können. So wie Kinder zunächst in den Kindergarten gehen, beginnen auch Welpen mit einem einfachen Training. Sie sollten Kommandos wie „Sitz" und „Platz" lernen, und kommen, wenn man sie ruft. Sie sollten außerdem lernen, Spaß mit anderen Welpen ihres Alters zu haben. Welpenkurse sind ideal, um dies zu erreichen, und sie machen darüber hinaus auch uns noch jede Menge Spaß!

Die Pubertät

Im Alter von ungefähr fünf Monaten wird dein Welpe zu einem Jugendlichen – das Gegenstück zu einem menschlichen Teenager! Das kann manchmal eine schwierige Phase sein. Dein Hund scheint vielleicht etwas schlaksig und ungeschickt zu sein, während er in seinen neuen Körper hineinwächst. In dieser Phase ist es wichtig, dass dein Hund viele soziale Kontakte mit anderen Hunden und Menschen pflegt, sodass er auch weiterhin gute Kommunikationsfähigkeiten entwickeln kann. Sei geduldig mit ihm und fahre mit dem Training fort. Dieser Abschnitt des Trainings entspricht ein bisschen der Mittelstufe in der Schule.

Das Erwachsenenalter

Die meisten Hunde sind im Alter von 18 Monaten ausgewachsen, aber sie entwickeln sich noch ungefähr bis zu ihrem dritten Lebensjahr weiter. Manche Hunde entwickeln sich schneller als andere. Das scheint von der Größe abzuhängen – sehr große Hunde entwickeln sich normalerweise schneller als kleine. Auch wenn dein Hund voll ausgewachsen ist, wird er weiterhin Freude daran haben, neue Tricks und Aufgaben zu lernen. Das wird dir dabei helfen, dass die Beziehung zu ihm weiterhin Spaß macht.

Der alte Hund

Alte Hunde sind wunderbare Gefährten, denn sie kennen die familiäre Routine. Ein alter Hund ist vielleicht nicht mehr so aktiv, wie zu seinen Jugendzeiten. Dennoch gibt es keinen Grund, warum er nicht – gute Pflege, Ernährung und Bewegung vorausgesetzt – weiterhin Spaziergänge, Training und vor allem deine Gesellschaft genießen sollte, auch bis ins hohe Alter hinein!

Hunde altern schneller als wir, aber sie bleiben in ihrem Herzen immer jung!

HUNDEFAKTEN

Lange Zeit glaubte man, dass ein Jahr eines menschlichen Lebens sieben Hundejahren entspricht. Doch es wurden in letzter Zeit genauere Berechnungen angestellt, die sich auf die unterschiedlichen Hunderassen, die Gesundheit und das Verhalten stützen. Diese personalisierten Tests kannst du im Internet nachlesen.

Die ersten Tage

Wenn Welpen auf die Welt kommen, sind sie blind und taub, sie können auch noch nicht laufen. Genau wie Babys sind sie zum Überleben komplett auf ihre Mutter angewiesen. Aber sie wachsen, verglichen mit Menschen, sehr schnell. Zu dem Zeitpunkt, wenn Babys immer noch nicht laufen können, sind Hunde bereits voll ausgewachsen!

Notiere Dir die Fortschritte deines Hundes

Geburt – zwei Wochen

Welpen werden blind und taub geboren. Sie kriechen, um von ihrer Mutter gesäugt zu werden, mithilfe eines guten Geruchssinns zu ihr hin und werden von ihr auch warm gehalten.

Zwei Wochen – vier Wochen

Welpen fangen an, ihre Augen zu öffnen, wenn sie zwei Wochen alt sind, aber sie können wahrscheinlich noch nicht sehr scharf sehen. Sie können laute Geräusche hören und reagieren durch Aufschrecken darauf. Welpen sind zu diesem Zeitpunkt ungefähr mit einem 18-Monate alten Kind vergleichbar. Sie können laufen, sind aber noch nicht sehr sicher.

Schau dir das Gesicht dieses Welpen an. Er „sieht" die Welt mit seiner Nase.

Vier Wochen – acht Wochen

Innerhalb von vier Wochen entwickeln sich Welpen von komplett mutterabhängigen zu unabhängigen, neugierigen und schelmischen Wesen! Sie können dann feste Nahrung fressen, laufen, rennen, klettern und spielen. Sie lieben es, mit ihren Geschwistern zu toben! Zu diesem Zeitpunkt sind Welpen wie fünfjährige Kinder. Sie beginnen untereinander Zeichen zu benutzen, andere Welpen zu „fragen", ob sie spielen wollen, oder ihnen zu zeigen, dass sie verärgert sind.

Ein neues Zuhause

Die meisten Welpen kommen in ihr neues Heim, wenn sie zwischen acht und zwölf Wochen alt sind. Es ist nun wichtig, daran zu denken, dass sie an die Begleitung und Liebe ihrer Mutter und Geschwister seit dem Tag ihrer Geburt gewöhnt sind. Sie können sich nun ein wenig einsam und verängstigt fühlen, wenn sie zum ersten Mal allein sind. Manche Welpen weinen deshalb in der Nacht. Um einem Welpen die Eingewöhnung zu erleichtern, kannst du ihm eine Wärmflasche und ein Stofftier in seinen Korb legen. Es kann auch sein, dass dein Welpe besser schläft, wenn er in den ersten Nächten in deiner Nähe ist. Schließlich nimmst du jetzt den Platz seiner Brüder und Schwestern ein!

Aktives Leben!

In den ersten paar Wochen, die der Welpe in seinem neuen Zuhause ist, wirst du merken, dass er gerne frisst, spielt und ... schläft! Sorge dafür, dass dein Hund einen Platz für ungestörte Nickerchen hat. Ein gemütlicher Korb oder eine Kiste sind dafür perfekt geeignet. Achte darauf, dass du jede Menge Spielsachen hast, mit denen dein Welpe spielen und auf denen er kauen kann. Bewahre deine eigenen Spielsachen außerhalb seiner Reichweite auf, sodass er lernt, dass sie dir gehören und nicht angerührt werden dürfen.

Welpen brauchen die Sicherheit ihrer Mutter, bis sie mindestens acht Wochen alt sind.

Hausregeln

Einen Welpen zu haben, ist aufregend und macht Spaß. Doch es ist wichtig, dass dein Welpe einer gewissen Routine folgt. Stell sicher, dass deine Familie gemeinsam die Hausregeln für deinen Welpen aufstellt – und dass alle sie befolgen.

Schlaf gut

Entscheide dich, wo dein Welpe schlafen soll – und halte dich dann daran. Wenn du deinen Welpen bei dir unter der Decke schlafen lässt, wenn er klein und süß ist, wird er das immer noch wollen, wenn er groß und schmutzig ist! Sorge dafür, dass dein Welpe ein gemütliches Bett an einem stillen Platz hat. Lass ihn in Ruhe schlafen.

Brav sitzen

Deinem Hund das Sitzen auf Möbeln zu erlauben, ist eine persönliche Entscheidung. Wenn du dich dagegen entscheidest, ihn auf das Sofa und die Stühle klettern zu lassen, dann beginne gleich von Anfang an damit.

Ein Hundezwinger sieht vielleicht aus wie ein Käfig, doch er kann Schutz und Sicherheit bieten.

Essenszeiten

Dein Hund braucht seinen eigenen Futter- und Wassernapf und einen ruhigen Platz zum Fressen. Damit dein Welpe keine Angst hat, dass du ihm das Futter wegnimmst, ist es eine gute Idee, ihm manchmal leckere Extrastückchen in seinen Napf zu geben, während er frisst. Das stärkt sein Vertrauen, dass du ihm Futter gibst und nicht wegnimmst.

Was für ein braver Welpe. Zu lernen, in seinem Körbchen zu warten, ist ziemlich schwer für ihn!

„Sei vorsichtig mit mir!" Halte deinen Welpen immer sicher.

Tischmanieren

Sei streng mit dir und deiner ganzen Familie: Füttere deinen Hund niemals vom Tisch oder von deinem Teller, wenn du isst. Wenn du deinem Hund Leckerbissen von deinem Essen abgibst, auch wenn es selten vorkommt, darfst du nicht überrascht sein, wenn dein Hund bettelnd neben dir sitzt oder versucht, dir Knabbereien zu klauen! Schick deinen Hund in sein Körbchen, wenn du dein eigenes Frühstück, Mittagessen, Abendbrot oder auch nur eine Kleinigkeit isst. Gib ihm dann ein Kauspielzeug, mit dem er sich beschäftigen kann und das ihn ablenkt.

Das Hundewörterbuch

Hunde müssen die Bedeutung jedes unserer Worte lernen. Du darfst nicht davon ausgehen, dass dein Welpe seinen Namen, die Worte „Nein" oder sogar „guter Hund" versteht, bis er mit ihnen eine Bedeutung verbindet. Lege ein Hundewörterbuch für ihn an, sodass jeder in der Familie dieselben Wörter benutzt. Entscheide dich zum Beispiel, ob dein Hund auf „Platz", „Runter" oder „Sitz" reagieren soll, wenn du willst, dass er sich hinlegt. Wenn du dich für Befehle entschieden hast, schreibe sie wie ein Wörterbuch auf, so wie unten gezeigt. Platziere die Liste so, dass jeder sie sehen kann!

Befehl	Bedeutung
z.B. „Platz!"	„Timmy soll sich sofort hinlegen!"

Gefahren im Haus und draußen

Welpen haben ein Gebiss, auf das ein Hai stolz sein würde! Sie lieben es, auf Dingen zu kauen und zu beißen, weil ihnen das hilft, ihre Zahnungsbeschwerden zu lindern. Außerdem macht es ihnen Spaß! Aus diesem Grund kauen die meisten Welpen jede Menge. Es ist unsere Aufgabe, sie davor zu beschützen, auf gefährlichen Dingen zu kauen oder Sachen zu verschlucken, die schädlich für sie sind.

Bei dir zuhause

Es macht Spaß, mit Spielsachen zu spielen. Sorge aber dafür, dass dein Hund sie nicht zerkauen oder verschlucken kann. Bälle, die zu klein sind, können ganz einfach in der Kehle deines Hundes stecken bleiben. Hunde versuchen auch manchmal, andere Dinge und Alltagsgegenstände zu zerkauen. Kassettenbänder zum Beispiel sind hoch gefährlich, da sie sich um den Darm deines Hundes schlingen können. Sachen wie Nadeln und Gummibänder sind ebenfalls sehr gefährlich. Sorge unbedingt dafür, dass Medikamente und Haushaltschemikalien wie Reinigungsprodukte außerhalb der Reichweite deines neugierigen Welpen bleiben.

Halte Haushalts-chemikalien von deinem Hund fern!

Auf dem Hof

Dein Welpe liebt es wahrscheinlich, auf dem Hof oder im Garten zu spielen, aber auch hier musst du sicherstellen, dass er unversehrt bleibt. Einige Pflanzen können für Hunde giftig sein und Blumenblüten zu fressen, ist höchst riskant. Sorge dafür, dass dein Hund nicht in die Nähe von Maschinen wie dem Rasenmäher kommt.

Neugierige Hunde schnüffeln überall herum. Du musst sicher-stellen, dass sie nichts finden können, was sie verletzen kann.

Unterwegs

Halte deinen Hund beim Spazierengehen nah bei dir und an der Leine, wenn ihr in der Nähe von Verkehr oder von anderen Tieren seid, oder wenn du die Gegend nicht kennst. Halte auch nach Regelschildern Ausschau und lass deinen Hund nicht von der Leine, wenn kein Erwachsener dabei ist. Wirf niemals Stöckchen für ihn, so verlockend es auch sein mag. Es kann einfach in scharfe Splitter zerbrechen und dann in seiner Schnauze oder Kehle stecken bleiben. Das kann sehr gefährlich sein.

Denke wie ein Hund!

Am sichersten ist es für deinen Hund, wenn du ihm beibringst, brav an der Leine zu laufen und zurückzukommen, wenn du ihn rufst. Es hilft außerdem, so zu denken wie er! Instinktive Verhaltensweisen können deinen Hund gefährden – es liegt an uns, dafür zu sorgen, dass er unversehrt bleibt.

SCHNELLES QUIZ

Weißt du, wie du deinen Welpen beschützt? Zähle deine richtig angekreuzten Antworten zusammen und finde so heraus, wie sicher dein Welpe ist!

1. Welches dieser Nahrungsmittel ist für Welpen giftig?
a) Orangen
b) Schokolade
c) Milch

2. Wenn dein Welpe krank aussieht, solltest Du
a) ihn zum Tierarzt bringen.
b) ihn streicheln.
c) ihn mit einer Decke zudecken.

3. Dein Welpe hat einen spitzen Stock aufgehoben und will, dass du mit ihm spielst. Du solltest:
a) den Stock werfen, damit er ihn fängt.
b) ihn ablenken, damit er den Stock fallen lässt und ihn dann völlig vergisst.
c) ihn jagen, damit du den Stock wegnehmen kannst.

4. Dein Welpe langweilt sich und versucht das Tischbein anzuknabbern. Du solltest:
a) ihn ausschimpfen, weil er so böse ist.
b) ihn ignorieren.
c) ihm etwas zum Kauen geben, damit er beschäftigt ist.

5. Du gehst mit deinem Welpen in einer Gegend, die du nicht kennst, spazieren. Du wirst:
a) ihn von der Leine lassen, sodass er die Gegend gleich auskundschaften kann.
b) ihn an der Leine lassen, bis du weißt, ob es in der Nähe Straßen, andere Tiere oder Regeln für Hunde in der Gegend gibt.

Antworten: 1. (b) 2. (a) 3. (b) 4. (c) 5. (b)

Gesundheit und Pflege

Durch tägliche Pflege bleibt dein Hund gesund und sauber und du kannst prüfen, ob er Krankheiten oder Flöhe hat. Wenn du die Pflege angenehm gestaltest, wird sich dein Hund gerne jeden Tag bürsten lassen.

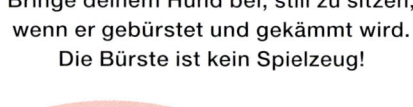
Bringe deinem Hund bei, still zu sitzen, wenn er gebürstet und gekämmt wird. Die Bürste ist kein Spielzeug!

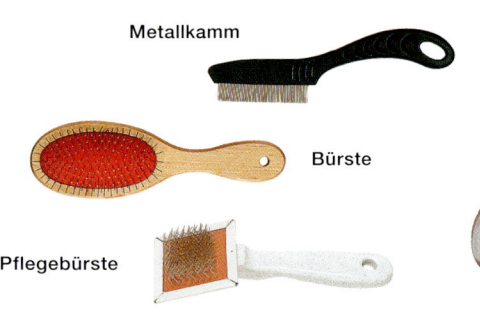

Metallkamm

Bürste

Pflegebürste

Bürsten

Welches Zubehör du brauchst, hängt von dem Fell des Hundes ab. Es sollte niemals scharf sein. Wenn dein Hund weiches, kurzes Fell hat wie ein Boxer oder Mops:

1 Benutze eine Gummibürste, um Schmutz und loses Haar zu lockern.

2 Miteinem Ledertuch bearbeitet wird das Fell schön glänzend.

Viele beliebte Rassen wie der Golden Retriever oder der Schäferhund haben ein doppeltes Fell. Das weiche Unterfell dient als Schutz gegen die Kälte. Das gröbere Überfell ist wasserabweisend.

1 Eineglatte Bürste entfernt altes Haar und Fremdkörper aus beiden Fellschichten.

2 Bearbeitedas Unterfell mit einem grobzinkigen Kamm.

3 Sei sehr vorsichtig an Stellen wie z.B. hinter den Ohren, an der Mähne und den Beinen.

Wenn du deinen Hund gut durchgebürstet hast, solltest du seine Ohren, Augen und Zähne überprüfen.

TOPP TIPP

Manche Besitzer putzen die Zähne ihrer Hunde mit einer speziellen Zahnbürste und Hundezahncreme. Du wirst deinen Hund langsam daran gewöhnen müssen, da es zunächst ein seltsames Gefühl für ihn ist. Zahnpasta mit Lebergeschmack kann dabei helfen!

Prüfen der Ohren

Die Ohrklappe deines Hundes sollte rosa und sauber aussehen und nicht riechen oder einen braunen Ausfluss absondern. Wenn Ausfluss aus einem Ohr kommt, dein Hund sich am Ohr gekratzt hat oder seinen Kopf zu einer Seite hält, kann das bedeuten, dass er eine Ohrinfektion hat und in tierärztliche Behandlung muss. Schiebe niemals etwas in sein Ohr, aber wische die Ohrenklappen mit feuchten Wattetupfern ab, falls nötig. Dann gib deinem Hund ein Leckerli als Belohnung für seine Geduld.

Augen

Die Augen deines Hundes sollten klar aussehen, ohne Rötungen oder Ausfluss. Hunde haben ein drittes Augenlid, welches das Auge bedeckt, wenn es ihm schlecht geht. Das kann ein Anzeichen dafür sein, dass er zum Tierarzt muss.

Prüfen der Zähne

Sehen die Zähne deines Hundes sauber und weiß aus? Ein schlechter Geruch und gelbe Flecken können bedeuten, dass seine Zähne vom Tierarzt überprüft werden müssen. Gib deinem Hund ein Leckerli dafür, dass er während deiner Untersuchung so brav war!

SPIELENDE PFLEGE

Platziere zehn Leckerlis in einer Reihe, sodass dein Hund sie sehen, aber nicht erreichen kann. Behandle einen Körperteil deines Hundes von der folgenden Liste und gib ihm dann das Leckerli als Belohnung. Fahre mit der Liste fort, bis du alle zehn Körperteile gepflegt hast und er all seine Belohnungen bekommen hat!

1. Bürste seinen Schwanz.
2. Nimm seine Vorderpfoten und untersuche seine Nägel.
3. Bürste seine Hinterbeine.
4. Schau seine Zähne an.
5. Untersuche seine Ohren.
6. Bürste von seinem Kopf über den Rücken bis zu seinem Schwanz.
7. Schau dir seine Augen an.
8. Bürste seine Brust.
9. Untersuche seine rechte Hinterpfote.
10. Bürste seinen Bauch.

Deinen Hund zu pflegen, wird dir helfen, euer gegenseitiges Vertrauen zu stärken. Versuche, ihn jeden Tag zu umsorgen.

HUNDEFAKTEN

Dein Hund kann dir nicht sagen, wenn er sich schlecht fühlt. Er kann es dir nur mitteilen, indem er sich seltsam benimmt. Er kann extrem ruhig sein, mehr schlafen oder trinken wollen oder nervös wirken. Lass deinen Hund immer vom Tierarzt untersuchen, wenn du dir Sorgen um seine Gesundheit oder wegen seines Verhaltens machst.

Bewegung

Bewegung an der frischen Luft ist gut für uns und unsere Haustiere, aber jeden Tag denselben Weg zu gehen, kann langweilig werden. Versuche doch, dir neue Abenteuer und Aktivitäten auszudenken, die die ganze Familie mit einbeziehen. Denk daran, immer auf mögliche Gefahren für deinen Hund zu achten!

TOP-TIPP

Überlege dir, was deinen Hund glücklich macht (siehe die Vorschläge auf Seite 40). Wenn du einen Terrier besitzt, liebt er es wahrscheinlich, zu jagen und zu buddeln! Wenn du einen sportlichen Hund hast, mag er es sicher, zu schwimmen und zu apportieren. Probiere auch die anderen Ideen aus.

Abenteuer Versteckspiel

Nimm eine weitere Person mit, verteilt euch und spielt Verstecken. Halte deinen Hund bei dir, während der andere sich hinter einem Baum versteckt, dann schicke deinen Hund auf die Suche! Wenn er die Person gefunden hat, hält diese ihn fest und das Spiel beginnt von vorn.

Beim Schwimmen

Viele Hunde lieben es zu schwimmen. Manche Rassen, wie der Neufundländer, wurden dafür gezüchtet. Der große Neufundländer hat ein spezielles Fell und sogar Pfoten mit Schwimmhäuten! Es gibt Schwimmbecken für Hunde, aber auch Orte wie Seen, Flüsse und das Meer eignen sich für deinen Hund zum Schwimmen. Achte aber darauf, dass das Wasser einen flachen Rand hat, sodass dein Hund einfach herausklettern kann. Wenn dein Hund vorher noch nie Schwimmen war, fange langsam damit an und lass ihn in seinem eigenem Tempo ins Wasser gehen. Stoße ihn niemals ins Wasser – es könnte ihn für den Rest seines Lebens abschrecken!

Schwimmen macht Spaß. Einige Hunderassen haben sogar Schwimmhäute!

Beschäftigungspark

Habt Spaß an den Hindernissen, die die Natur euch in den Weg legt! Ermutige deinen Hund, auf Baumstümpfe zu klettern oder an umgefallenen Stämmen entlangzulaufen. Er kann über Äste springen und durch Büsche krabbeln, wie auf einem Hindernisparcours

Fußballverrückt

Viele Hunde sind super Fußballspieler! Manche können den Ball toll bewegen, andere wiederum sind gute Torhüter. Wenn dein Hund vorher noch nie Fußball gespielt hat, bringe ihm zunächst bei, den Ball mit dem Kopf oder der Schnauze zu stupsen. Lobe deinen Hund und stupse den Ball zurück zu ihm, wenn er ihn in deine Richtung schiebt. Manche Hunde fassen den Ball gerne mit ihren Zähnen! Veranstalte das Fußballtraining deshalb mit einem harten Ball, der nicht platzen kann!

Alle Hunde lieben es, nach draußen zu gehen. Gutes Training sorgt dafür, dass du stolz sein wirst, ihn überall mit hinnehmen zu können.

HUNDEFAKTEN

Hunde brauchen unterschiedlich viel Bewegung, je nach Rasse, Alter und Kondition. Welpen sollten nicht mehr als 20 Minuten Auslauf am Tag haben, da ihre Gelenke und Knochen noch nicht voll ausgewachsen sind. Ab einem Jahr können die meisten Hunderassen (außer die sehr großen wie Doggen oder Bernhardiner) so viel Bewegung vertragen, wie man will. Gewöhne ihn aber langsam daran, um Verletzungen zu vermeiden.

Die Hundesprache lernen

Hunde sprechen kein Deutsch! Sie kommunizieren, indem sie ihre Körperspra-che und ihren Gesichtsausdruck benutzen. Sie geben außerdem jede Menge Laute von sich, wie z.B. Bellen, Jaulen, Knurren und Winseln. Im Gegensatz zu uns haben sie außerdem den Vorteil, dass sie durch ihren erhöhten Geruchs-sinn kommunizieren können. Hunde können sich gegenseitig und uns nur durch den Geruch erkennen!

Die Körpersprache deines Hundes verstehen zu lernen, wird dir helfen, die Gefühle deines Hundes zu „lesen": ob er glücklich, aufgeregt, wütend oder verwirrt ist. Das heißt, dass du dann dementsprechend reagieren kannst. Genau wie wir haben auch Hunde Gefühle, doch diese werden oft von Leuten missver-standen, die sich nicht die Zeit genommen haben, die Hundesprache zu erlernen. Eine neue Sprache zu lernen, braucht Zeit und Geduld. Du wirst wahrscheinlich üben müssen, deinen Hund zu beobachten und dich selbst zu fragen, was er wohl denkt und fühlt. Diese Hausaufgaben lohnen sich aber. Du wirst in der Lage sein, mit deinem Hund zu kommunizieren und sicher zu gehen, dass du und dein bester Freund euch gegenseitig versteht.

Nimm dir die Zeit, die Hundesprache zu lernen. Du wirst hinterher froh darüber sein!

„Hündisch" als zweite Sprache lernen

„Hündisch" als eine neue Sprache zu lernen, macht Spaß und ist aufregend! Wenn du deinen Hund aufmerksam beobachtest und all seine kleinen Signale wahrnimmst, wirst du in kürzester Zeit zum Experten.

Super Sinne

Manche Signale sind einfach zu verstehen, weil sie denen ähneln, die die Menschen benutzen. Andere jedoch sind sehr verschieden. Wir sollten nicht davon ausgehen, dass Hunde uns immer verstehen!

Hunde beobachten alles, was vor sich geht. Manche Hunde können sogar lernen vorauszusehen, wann wir rausgehen oder wann ein Besucher ankommen wird! Das ist nicht der sechste Sinn, sondern die Fähigkeit, selbst die kleinste Änderung in unserem Verhalten

Hunde beobachten uns ständig und lernen, unsere Körpersprache zu lesen. Wir müssen es ihnen umgekehrt gleichtun!

zu erkennen. Diese Änderungen sagen einem Hund, dass etwas passieren wird. Hunde sind so gut darin, dass manche sogar darauf trainiert werden, zu erkennen, wann eine Person einen epileptischen Anfall haben wird. Diese Hunde können einen Anfall bis zu einer Stunde vorher erkennen. So haben diese Leute dann Zeit, sich medizinische Hilfe zu holen.

TOP-TIPP

Versuche dir einen Tag lang auszumalen, wie es ist, als Hund in der Menschenwelt zu leben! Stelle dir vor, viele Menschen zu treffen, die alle verschieden aussehen, riechen, sich anders benehmen und anhören. Wir alle reden viel und machen jede Menge Krach und erwarten dann von unserem Hund, dass er die Anweisungen versteht, die wir ihm geben. Das muss sehr verwirrend sein!

HUNDEFAKTEN

Obwohl die verschiedenen Hunderassen sehr unterschiedlich aussehen, sprechen alle Hunde die gleiche Sprache. Sie müssen jedoch ihr Sozialverhalten trainieren, indem sie miteinander und mit uns spielen, wenn sie noch Welpen sind.

Es ist unhöflich zu starren

Hunde benutzen Augenkontakt, um untereinander und mit uns zu kommunizieren. Direktes Anstarren ist ein wenig bedrohlich für Hunde, ebenso wie für Menschen. Auch wir fühlen uns unwohl, wenn uns jemand anstarrt. Aus diesem Grund mögen manche Hunde ihre Besitzer nicht direkt anschauen – sie sind höflich und schauen weg!

Obwohl Hunde so unterschiedlich aussehen, müssen sie sich auch untereinander zu verständigen lernen.

Menschen sind seltsam

Überlege dir einmal, wie du aus der Perspektive eines Hundes aussiehst und dich anhörst. Wenn du lachst, zeigst du deine Zähne, aber du meinst es freundlich! In der Hundesprache könnte das umgekehrt Ärger bedeuten. Beim Spielen rennst, schreist und brüllst du. Das macht dir viel Spaß, aber Hunde müssen lernen, dass du nicht verletzt bist oder dich wie eine mögliche Beute benimmst! Menschen benehmen sich manchmal so, dass es einem Hund sehr seltsam vorkommen muss. Und als ob das noch nicht genug wäre, sehen und riechen wir auch noch sehr komisch für unsere Hunde. Wir tragen Brillen und Hüte, Männer haben manchmal Bärte und Frauen tragen Schminke und Parfüm. Diese Dinge müssen uns für unsere Haustiere sehr fremdartig aussehen und riechen lassen. Stell dir vor, wie es für einen Hund sein muss, jemanden zum ersten Mal zu treffen, der einen Motorradhelm trägt!

Was glaubst du, sagen diese beiden Collies mit ihrer Körpersprache?

Hundesprache: Schwanz und Körper

Der Schwanz eines Hundes ist ein wichtiger Teil seines Kommunikationssystems. Es wäre einfach zu denken, dass Hunde immer glücklich sind, wenn sie mit dem Schwanz wedeln, doch es ist viel komplizierter. Sie können Glück, Wut, Unsicherheit und Angst signalisieren – alles mit der Höhe und der Bewegung ihres Schwanzes.

Großes, offenes Wedeln
Freundlichkeit und Begrüßungen werden am häufigsten durch großes, mittelhohes, offenes Schwanzwedeln angezeigt. Wenn der Schwanz eines Hundes so wedelt und sein Gesichtsausdruck entspannt und freundlich ist, freut er sich, dich zu sehen!

Windmühlengrüße!
Manche Hunde sind so erfreut, dich zu sehen, dass ihr Schwanz sich rundherum dreht und ihr Schwanzwedeln so groß wie eine Windmühlendrehung ist! Vielleicht ist das gleichbedeutend mit einem breiten Grinsen!

Der eingezogene Schwanz
Wenn du einen Hund siehst, der seinen Schwanz unter seinen Körper eingezogen hat, ist er wahrscheinlich nicht sehr glücklich und hat vor etwas oder jemandem Angst. Der Hund klemmt seinen Schwanz unterhalb ein, um seinen Bauch und die Unterseite zu schützen.

Niedriges Schwanzwedeln
Hunde wedeln oft sehr niedrig mit ihrem Schwanz, wenn sie in einer Situation unsicher sind. Manchmal scheint ihr Schwanz an die Hinterbeine geklemmt zu sein. Man nimmt an, dass die Bewegungen des Schwanzes ihren Geruch verteilen, sodass der niedrige Schwanz anderen Hunden mitteilt, dass er besorgt ist.

Steifer, aufgerichteter Schwanz
Angespannte oder wütende Hunde können ihren Schwanz still oder aufrecht halten. Manchmal scheint es, als würde der Schwanz vibrieren, wenn er wedelt. Das signalisiert anderen Hunden Gefahr!

HUNDEFAKTEN

Hundeschwänze vermitteln visuelle Zeichen an andere Hunde, um sich gegenseitig ihre Gefühle und Absichten zu zeigen. Wahrscheinlich helfen die Schwanzbewegungen außerdem, den Hundegeruch zu verteilen, welcher zusätzliche Informationen liefert.

Körpersprache

Bein- und Körperhaltung eines Hundes geben dir auch Hinweise auf seine Gefühle. Ängstliche Hunde kauern sich zusammen, um ihren Körper nah am Boden zu halten. Verwegene und aggressive Hunde gehen mit steifen Beinen, um sich selbst so groß wie möglich aussehen zu lassen.

Dieser kleine Hund ist freundlich, sieht aber unsicher aus. Wodurch drückt seine Körpersprache das aus?

Hunde, die entspannt und freundlich sind, bewegen ihren Körper meistens fließend und geschmeidig. Sie können sich auch schlangenähnlich winden und wiegen, besonders wenn sie dich begrüßen. Manche Hunde werden dabei so aufgeregt, dass sie mit ihrem ganzen Hinterteil wedeln, nicht nur mit ihrem Schwanz!

HUNDEFAKTEN

Menschen und Hunde geben durch ihre Körpersprache und ihren Gesichtsausdruck Hinweise darauf, wie sie sich fühlen. Stell dir jemanden vor, der spielt, dass er ängstlich ist. Vielleicht schleicht er umher. Seine Bewegungen sind kurz und abgehackt und er lässt seinen Körper so klein wie möglich erscheinen, um nicht gesehen zu werden. Sehr oft wird er stillhalten und nur seine Augen bewegen, um nach Gefahren Ausschau zu halten. Auch Hunde verhalten sich so, wenn sie Angst haben!

Etwas hat die Aufmerksamkeit dieses Labradors erregt!

Hundesprache: Gesicht und Kopf

Hunde zeigen eine Menge Gefühle durch ihre Gesichtsausdrücke und die Art, wie sie ihren Kopf und die Ohren bewegen. Schau dir Augen, Ohren und die Schnauze deines Hundes an, um zu verstehen, was er sagt.

Die Augen sagen es

In der Hundesprache wird direktes Anstarren fast immer als eine Bedrohung angesehen. Das gilt für viele Tierarten und auch für Menschen, doch besonders für Hunde. Sie müssen schon früh lernen, dass es viel sicherer ist, ihre Blicke abzuwenden, als einem fremden Hund direkt in die Augen zu schauen. Ihre Mutter hat es ihnen schon im Welpenalter beigebracht, indem sie sie intensiv angestarrt hat, wenn sie sich schlecht benommen haben. Dem Anstarren folgten dann ein Biss und ein Knurren, wenn nötig.

Ohren gespitzt!

Die Ohrhaltung ist wichtig für Hunde. Leider werden die Botschaften, die die Ohren aussenden, oft missverstanden, da wir mittlerweile Hundezüchtungen haben, die lange, schwere Ohren besitzen, die sich nicht so gut bewegen können. Bei Hunderassen, die hochbewegliche, aufrechte Ohren haben, können die Botschaften von Ohren sehr klar erkannt werden. Zum Beispiel zeigen Ohren, die nach oben und vorne gerichtet sind an, dass der Hund aufmerksam und bereit für Aktivität ist. Ohren, die zurückgehalten oder am Kopf angelegt sind, zeigen, dass der Hund Sorge und Angst verspürt.

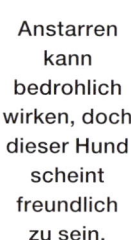

Anstarren kann bedrohlich wirken, doch dieser Hund scheint freundlich zu sein.

Diese Ohren sind aufrecht und alarmbereit, aber der Gesichtsausdruck ist sanft und nicht bedrohlich.

Ein kluger Kopf

Hunde haben eine Vielzahl von Kopfformen, je nach Rasse. Manche Köpfe, wie zum Beispiel die von Dackeln, sind lang und spitz. Andere sind breit und haben kurze Schnauzen, wie die von Boxern oder Möpsen. Die Form eines Hundekopfs bestimmt, ob seine Haut glatt oder faltig ist. Für die Botschaften, die ein Hund nach außen gibt, kann das einen großen Unterschied machen. Hunde, die aufmerksam und freundlich sind, halten ihre Köpfe normalerweise aufrecht, die Haut ist glatt und nicht gerunzelt. Hunde, die Aggressionen zeigen, drücken ihre Köpfe nach vorne und legen ihre Stirn in Falten.

Große Klappe!

Hunde haben sehr große Schnauzen, lange Zungen und eindrucksvolle Zähne. Die langen Reißzähne werden Eckzähne genannt und sind zum Reißen der Beute bestimmt. Die Zähne im hinteren Teil der Schnauze heißen Mahlzähne. Sie sind gut zum Kauen und Zermalmen von Knochen. Ein Hundegebiss ist

HUNDEFAKTEN

Hunde benutzen ihre Zungen, um uns zu zeigen, wie sie sich fühlen. Wenn dein Hund seine Lippen leckt oder seine Zunge über seine Nase schnalzt, könnte er sich ängstlich oder gestresst fühlen.

eine erstaunliche Waffe. Hunde können schnell reagieren und beißen und eine Menge Schaden anrichten. Aus diesem Grund haben sie gute Kommunikationsfähigkeiten gelernt, um sicherzugehen, dass sie Konflikte untereinander schlichten, ohne Gewalt anzuwenden. Hunde sind eine soziale und friedliebende Spezies und vermeiden gerne Auseinandersetzungen. Sie sind sehr gut darin, ihre Zähne zu bedecken, um zu zeigen, dass sie freundlich sind. Das ist genau das Gegenteil zu den Menschen, die ihre Zähne zeigen, wenn sie lachen!

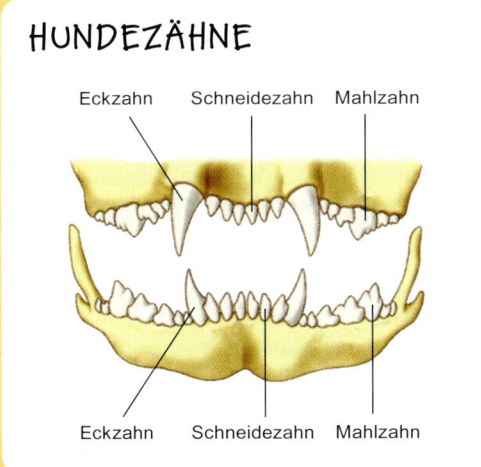

HUNDEZÄHNE

Eckzahn   Schneidezahn   Mahlzahn

Eckzahn   Schneidezahn   Mahlzahn

Hunde benutzen ihre Schnauze, um zu fressen, trinken, hecheln, gähnen, spielen und um Zuneigung und Aggression zu zeigen.

Hundesprache: Geruch

Hunde haben 25-mal mehr Geruchsempfänger in ihren Nasen als Menschen. Man sagt, dass sie einen Tropfen Blut in 5 Litern Wasser aufspüren können! Wir alle wissen, dass Hunde Dinge und sogar Menschen finden können, indem sie ihre Nase benutzen. Aber wusstest du, dass sie auch wichtige Informationen über dich, andere Hunde und die Welt um sie herum sammeln, nur durch Schnüffeln?

Duftsignale

Das Abschnüffeln von Gras, auf dem vorher andere Hunde waren, ist für einen Hund ein bisschen so wie das Lesen einer Zeitung. Wer da war, wie lange das her ist und sogar wie gesund sie waren – das alles sind Informationen, die als Duftsignal für andere Hunde zurück gelassen wurden. Sobald sie geboren werden, haben Welpen einen ausgezeichneten Geruchssinn. Lange bevor er sehen oder hören kann, kann ein Welpe unterschiedliche Gerüche wahrnehmen und unterscheiden. Wenn du einen Welpen beobachtest, wirst du sehen, dass er sich fast ausschließlich über seine Nase orientiert!

Wer kam hier entlang? Wie lange ist das her? Kenne ich jemanden? All diese Informationen und mehr sind in den Duftsignalen enthalten.

Welpen lernen, Gerüche sehr schnell zu erkennen. Das hilft ihnen dabei, in einem sicheren Umfeld zu bleiben, da sie ihre eigene Mutter und Geschwister erkennen können. Wenn ein Hund älter wird, lernt er, dass alle Hunde und Menschen anders riechen und dass er andere Informationen – über ihr Geschlecht, ihre Gesundheit und vielleicht sogar über ihren Gemütszustand – herausfinden kann, indem er an ihnen riecht.

Weil sich die meisten der geruchserzeugenden Drüsen eines Hundekörpers um die Schwanzwurzel herum befinden, neigen Hunde dazu, diesen Bereich gegenseitig zu beschnüffeln, um die meisten Informationen zu erhalten. Zum Glück lernen sie schnell, stattdessen an unseren Händen zu schnüffeln!

Familiengeruch

Obwohl Menschen im Vergleich zu Hunden einen schlechten Geruchssinn haben, ist es interessant, dass wir auf den Geruch unserer eigenen Familie reagieren, und dass wir den Duft unserer Lieben sehr einfach erkennen. Man glaubt, dass wir anfangen, ähnlich zu riechen, wenn wir miteinander leben. Genauso ist es wahrscheinlich, dass Hunde, die in einer sozialen Gruppe leben, beginnen, ähnlich zu riechen. Das hilft ihnen, sich gegenseitig zu erkennen und den Zusammenhalt innerhalb der Gruppe zu stärken.

Schnüffeln ist für einen Hund das Gleiche wie Händeschütteln! Hunde stellen sich einander durch ihren Geruch vor.

RIECHTEST

Wenn du im Wald unterwegs bist, hebe einen Stock auf und halte ihn für 30 Sekunden in deinen Händen. Dann lege den Stock auf den Boden, ohne dass dein Hund es sieht. Rufe deinen Hund und teste, ob er den Stock, den du berührt hast, finden kann! Hunde, die dieses Spiel schon kennen, werden nach dem richtigen Stock suchen, obwohl sie alle gleich aussehen. Denk daran: Lass deinen Hund den Stock nicht aufheben und daran kauen, da er spitz sein könnte. Trainiere ihn darauf, ihn nur zu identifizieren, vielleicht indem er ihn mit seiner Pfote berührt.

Hundesprache: Lautsprache

Hunde benutzen keine Wörter, aber sie bellen, jaulen, winseln und knurren in großer Bandbreite! Welpen lernen diese Laute für weitreichende Kommunikation.

Wuuf! Es gibt diverse Arten von Bellen. Jedes Bellen sagt etwas anderes.

Winseln und Weinen

Welpen verlassen sich völlig auf ihre Mutter, um Fressen, Wärme und Schutz zu bekommen. Sie haben aber auch eine kräftige Lunge und können einen durchdringenden Ruf der Verzweiflung ausstoßen, wenn sie sich allein und hungrig fühlen. Dieser Ruf hat einen mächtigen Einfluss auf die Mutter! In einem Experiment wurde einer Hundemutter eine Kassettenaufnahme eines weinenden Welpen vorgespielt. Sie wollte den Kassettenrekorder in das Nest holen! Bis ins Erwachsenenalter hinein winseln Hunde, um Schmerz, Angst oder Kälte auszudrücken, aber sie geben ein hohes Fiepen von sich, wenn sie sehr aufgeregt sind.

Jaulen

Sogar große Hunde können kleine Jaulgeräusche von sich geben. Mit diesen wollen sie zeigen, dass sie spielen oder mehr Aufmerksamkeit wollen. Sie werden normalerweise durch ein Geräusch im Maul produziert, während die Lippen so weit wie möglich geschlossen sind. So werden die Zähne bedeckt gehalten und es wird sichergestellt, dass die Geste nicht bedrohlich ist.

Bellen

Haushunde bellen aus verschiedenen Gründen – weil sie gelangweilt sind oder aufgeregt, um andere Hunde und Menschen ausfindig zu machen und um vor Eindringlingen zu warnen. Die Tonlage eines Hundebellens variiert, je nachdem, was der Hund sagen will. Ein sehr tiefes „Uuuuf" ist normalerweise ein warnendes Bellen vor Fremden, während eine Abfolge von kurzem, scharfen Bellen „Bleib weg!" bedeutet.

Dieser Hund bellt seinem Freund ermutigend zu! Er hebt in einer verspielten Geste eine Pfote hoch.

Heulen

Wölfe sind die Meister des Heulens. Auch Haushunde heulen von Zeit zu Zeit, und manche Rassen – wie Huskies, Malamutes und Eskimohunde – heulen häufiger als andere. Hunde heulen, um mit Familienmitgliedern in Kontakt zu treten, wenn sie sich allein fühlen oder um ihre Familie zusammenzurufen, wenn sie bei der „Jagd" sind. Manche Hunde heulen auch, wenn sie durch ein Musikstück oder Singen dazu veranlasst werden!

HUNDEFAKTEN

Knurren während des Spiels hört sich vielleicht aggressiv an, aber der Hund sieht ganz anders aus. Er genießt das Spiel und zeigt eine sanfte Körpersprache, zusammengekniffene Augen und viele verspielte Signale.

Körpersprache und den Gesichtsausdruck des Hundes zu beobachten, um herauszufinden, was er meint. Knurren ist wie ein Frühwarnsystem. Wenn der Hund sehr ruhig ist, wenn er das Weiße seiner Augen zeigt oder wenn er starrt, dann ist das Knurren eine Drohung.

Das Geheule von Hunden kann beeindruckend laut sein und ist auf ihre Ahnen zurückzuführen.

Knurren

Hunde knurren, wenn sie aufgebracht und wütend sind, aber auch, wenn sie spielen. Das kann verwirrend sein, also ist es wichtig, die

Knurren ist eine Warnung – Aggression kommt als nächstes!

Zeit zum Spielen!

Indem du die Körpersprache und das Gesicht deines Hundes beobachtest, kannst du lernen, mit deinem Hund zu „sprechen" und zu verstehen, was er „sagt". Zum Beispiel wedeln Hunde mit dem Schwanz und zeigen einen entspannten Gesichtsausdruck, statt zu lachen, um zu zeigen, dass sie glücklich sind.

Verspielte Verbeugung

Das ist das deutlichste Spielsignal! Der Hund neigt seinen Kopf tief zum Boden und sein Hinterteil und den Schwanz hoch in die Luft, als ob er stürzen würde. Das ist eine Einladung zum Spiel, auch, wenn es ein wenig so aussieht, als ob der Hund seine Beute verfolgt.

Pfote heben

Hunde, die gerne spielen wollen, stupsen dich oder einen anderen Hund mit einer Pfote, indem sie ihr Vorderbein heben und damit heruntertapsen. Das zeigt, dass der Hund freundlich und verspielt ist.

Hüpfer

Manche Hunde, besonders Welpen, springen so vor uns oder anderen Hunden herum, dass sich ihre beiden Vorderpfoten immer wieder vom Boden abstoßen. Welpen hüpfen manchmal und rennen dann weg. Dieses ist eine Aufforderung, ihnen nachzujagen.

Spielgesicht

Hunde setzen oft ihr „Spielgesicht" auf, wenn sie ein Spiel genießen: Ihre Ohren sind nach vorne gerichtet, ihre Stirn ist gerunzelt und ihre Lippen sind zurückgezogen zu einem „lächelnden" Grinsen. Sie können auch bellen, um Aufmerksamkeit zu erlangen. Dieses Bellen wird sich sehr hoch und kläffend anhören, nicht tief und dröhnend.

Spielzeit! Dies ist eine klassische Spielverbeugung, mit dem Hinterteil und dem Schwanz in der Luft. Der Kopf ist niedrig und der Hund sucht Augenkontakt.

Dieser kleine Hund will ganz offensichtlich spielen. Er hebt seine Pfote hoch und stupst den Ball an!

Verführerisches Spielzeug

Hunde, die spielen wollen, werden dir öfter mal ein Spielzeug oder ein Objekt, das sie gestohlen haben, bringen. Sie zeigen dir, was sie haben, und rennen dann schnell davon, damit du sie jagst. Manchmal drehen sie sich mit dem Spielzeug im Maul um und versuchen eine spielerische Verbeugung, um dich aufzufordern, näherzukommen.

HUNDEFAKTEN

Obwohl Hunde es lieben, zu spielen, indem sie sich beißen und miteinander ringen, folgen sie strengen Regeln. Daher solltest du mit deinem Hund besser mit einem Spielzeug spielen und ihm niemals erlauben, an deinem Mund, deiner Haut, Kleidung oder deinem Haar zu beißen. Diese Spiele sind nicht sicher und sollten stets vermieden werden.

Hüftschwung

Manche Hunde, besonders große wie der Schäferhund oder der Labrador, spielen gerne, indem sie ihre „Gegner" durch Anstoßen mit der Hüfte aus dem Weg rempeln.

Ringkämpfe

Hunde, die ein ähnlich großes Selbstbewusstsein haben, „ringen" oft miteinander, indem sie in ihre Beine, Ohren und Gesichter beißen. Ein Hund kann sich sogar kurzzeitig unterwerfen und den anderen dominieren lassen, während sie sich spielerisch beißen. Es ist normal, dass sie nach einem so ausgiebigen Ringkampf die Plätze tauschen, sodass der andere oben ist und das Spiel bestimmt!

Diese jungen Hunde wechseln sich in ihrem spielerischen Kampf als „Boss" ab.

Wenn dein Hund Angst hat

Genau wie wir bekommen Hunde manchmal Angst. Sie können sich vor lauten Geräuschen, anderen Hunden oder neuen Erfahrungen fürchten. Hunde zeigen, dass sie ängstlich sind, indem sie Körpersignale benutzen, sich zu verstecken versuchen oder weglaufen. Wenn du diese Zeichen früh erkennst, kannst du deinem Hund helfen, sich selbstsicherer zu fühlen.

„Ich habe Angst." Der Schwanz dieses Hundes ist untergeschoben und sein Hinterteil ist nach unten geneigt.

Ich bin nicht da!

Manche Hunde versuchen einfach vorzugeben, nicht da zu sein, wenn sie verängstigt sind. Sie werden ganz still, um mit dem Hintergrund zu verschmelzen. Das nennt man „erstarren". Andere Hunde drehen ihren Kopf weg oder schnüffeln am Boden, um nicht bemerkt zu werden.

Verschwindetrick

Hunde versuchen oft zu schrumpfen, wenn sie sich bedroht fühlen! Sie kauern sich zusammen, sodass ihr Körper nah am Boden liegt und ihr Schwanz daruntergeschoben ist. Hunde, die verängstigt sind, legen typischerweise auch ihre Ohren an. Sie können auch einen weiten, starrenden Blick haben, genau wie Leute, die sich fürchten.

Sieh genau hin!

Fast alle Hunde lecken ihr Maul, wenn sie verängstigt sind. Manche Hunde lassen ihre Zungen sogar über ihre Nasen schnalzen – ein sicheres Zeichen, dass sie besorgt sind. Hunde blinzeln auch viel, wenn sie gestresst sind und sie gähnen vielleicht. Das wird oft als Langeweile oder Müdigkeit missverstanden.

Mutige Unterstützung

Ein erster Schritt, deinem Hund zu helfen, ist zu verstehen, wie er sich fühlt. Niemand hat gerne Angst, außer vielleicht, wenn er aus Spaß einen Gruselfilm schaut. Also musst du deinem Hund helfen, sich selbstsicherer zu fühlen.

Wie du deinen Hund beruhigst

Wenn du bei einem Hund Anzeichen von Angst bemerkst, überlege dir, was ihn verängstigt haben könnte. Ist es ein anderer Hund?

HUNDEFAKTEN

Die Menschen glauben oft, ihr Hund würde „schuldig" aussehen, wenn er etwas Böses getan hat. Hunde schauen oft weg, legen ihre Ohren an und lassen ihre Köpfe hängen, wenn ihre Besitzer verärgert sind. Doch dieses Körpersignal zeigt Angst, keine Schuld!

TOP-TIPP

Widerstehe der Versuchung, deinen Hund zu streicheln oder ihm einen Klaps zu geben, wenn er Zeichen von Angst zeigt. Versuche stattdessen, ihn mit einem Spielzeug oder einem Leckerli abzulenken, oder warte, bis er sich mutiger fühlt und wieder spielen will.

Vielleicht fürchtet er sich vor lauten Geräuschen. Vielleicht mag er nicht, was gerade mit ihm passiert, oder er erwartet etwas Unangenehmes, wie z. B einen Besuch beim Tierarzt. Wenn du weißt, was deinen Hund verängstigt, versuche ihn nach Möglichkeit aus der Situation zu befreien, bis er sich beruhigt hat.

Manchmal ist es nicht möglich, deinen Hund vor etwas Angst Einflößendem zu beschützen. Zum Beispiel fürchten sich viele Hunde vor Blitz und Donner oder vor Feuerwerk. In diesen Fällen ist es sehr wichtig, dass du ihn nicht zufällig für seine Angst belohnst. Natürlich willst du ihn beruhigen, aber da Hunde kein Deutsch verstehen, kann das wie ein Lob für ängstliches Benehmen klingen. Um das zu verhindern, schickst du deinen Hund am besten an einen sicheren Platz, wie hinter das Sofa oder unter eine Decke, und ignorierst ihn dann. Lobe ihn und schenke ihm wieder Aufmerksamkeit, wenn er sich beruhigt hat und wieder mutig ist!

Streichle deinen Hund, wenn er sich beruhigt hat und wieder mutig ist. Belohne niemals ängstliche Hunde!

Wut – was sind die Zeichen?

Ebenso wie Menschen können auch Hunde wütend werden, wenn sie bedroht werden. Die meisten Hunde würden lieber davonlaufen, wenn sie Angst haben. Manche Hunde reagieren auch aggressiv, um Fressen oder Spielsachen für sich zu behalten!

Nähere dich niemals einem angeleinten Hund. Einige Hunde reagieren aggressiv, wenn sie keine Fluchtmöglichkeit haben.

Hunde verfügen über eine breite Auswahl von Signalen, die sie anwenden, um andere zu warnen, wenn sie verärgert sind oder sich angegriffen fühlen. Diese Signale sind dazu gedacht, anderen die Möglichkeit zu geben, sich von ihnen fernzuhalten, sodass ernstere Konflikte nicht stattfinden. Hunde sind eine friedliebende Spezies und entscheiden sich normalerweise dafür, Auseinandersetzungen zu vermeiden, wenn sie können. Es ist sehr wichtig, ihre Warnsignale zu erkennen!

Erstarren

Dieses Warnsignal kann sehr schnell sein oder auch einige Sekunden oder sogar Minuten dauern. Der Körper und der Kopf des Hundes werden komplett stillgehalten. Der Hund scheint sogar seinen Atem anzuhalten!

Angespannter Körper

Ein Hund mit angespanntem Körper und Schwanz zeigt Spannung in seinen Muskeln, während er sich auf Flucht oder Kampf vorbereitet. Dann bewegen sich die Beine des Hundes hölzern, mit bedachten Bewegungen.

Gehe immer vorsichtig mit einem Hund um, der gerade einen Knochen hat.

TOP-TIPP

Auch wenn du denkst, dass du Hunde sehr gut verstehst, musst du immer um Erlaubnis fragen, bevor du einen fremden Hund streichelst. Fasse niemals einen Hund an, wenn du allein unterwegs bist!

Starren

Direkter, starrender Blickkontakt ist eine Bedrohung in der Hundesprache. Manchmal sehen Hundeaugen schwarz aus. Furcht oder Beklemmung verursachen das Ausweiten oder Dehnen des dunklen Zentrums des Auges, der Pupille. Das passiert auch uns, wenn wir Angst haben.

Knurren

Mit einem Knurren sagt uns ein Hund: „Komm nicht näher." Obwohl Hunde manchmal knurren, wenn sie spielerisch kämpfen, gibt ein Hund, der wegen eines Gegenstands oder wegen Fressen knurrt, oder wenn er angefasst oder angeschaut wird, eine klare Warnung, dass er beißen kann.

Zähne fletschen

Wenn ein Hund seine Zähne fletscht, ist es ein bisschen so, als ob wir jemanden anschreien. Es ist eine klare Warnung: Der Hund benutzt einen Laut, eine Art kehliges Knurren, und ein optisches Signal, indem er seine Zähne zeigt. Er will sie nicht wirklich benutzen, aber er wird es tun, wenn er muss.

Anspringen und Schnappen

Hunde haben ein hervorragendes Reaktionsvermögen. Das bedeutet, dass ein Hund nach vorne springen kann, als ob er beißen wollte, aber dann stattdessen bellt oder schnappt, ohne zu berühren. Diese Reaktion soll einen anderen Hund oder eine Person dazu auffordern, zurückzuweichen, stillzustehen oder wegzulaufen. Eine letzte Warnung, die beachtet werden sollte!

Wenn ein Hund wie hier die Zähne fletscht, gibt er eine klare Warnung!

Ampel-Sicherheits-System!

Grünes Licht – Nähere dich mit Erlaubnis.
Du kennst den Hund gut und er begrüßt dich wie einen alten Freund. Er hat einen weichen Gesichtsausdruck, einen entspannten Körper und zusammengekniffene Augen. Sein Schwanz wedelt weit oder dreht sich rundherum wie eine Windmühle.

Orange – Sei vorsichtig. Nicht anfassen!
Du kennst den Hund nicht gut. Er nähert sich dir nicht und erscheint besorgt. Er leckt seine Lippen, sein Körper sieht angespannt aus. Sein Schwanz wird vielleicht etwas niedrig gehalten und wedelt. Er gibt vielleicht vor, dass du nicht da bist.

Rotes Licht – Entferne dich langsam. Nicht anfassen!
Du kennst den Hund oder kennst ihn nicht, aber er ist angespannt und starrt dich an, er knurrt, bellt oder zeigt seine Zähne. Oder er steht einfach nur still da und beobachtet dich die ganze Zeit.

Freude – was sind die Zeichen?

Ob ein Hund glücklich ist, ist normalerweise einfach zu erkennen. Das zeigen
dir helle Augen, ein wedelnder Schwanz
und ein freundlicher, offener
Gesichtsausdruck!

Ein glückliches Gesicht und ein
wedelnder Schwanz bedeuten:
glücklicher Hund!

Willkommen zuhause

Hunde freuen sich immer, wenn wir nachhause
kommen, und manchmal sogar, wenn wir nur
für ein paar Minuten in einem anderen Raum
waren! Hunde begrüßen Familienmitglieder,
indem sie unsere Aufmerksamkeit fordern und
Kontakt mit uns genießen. Viele Hunde benutzen ihren ganzen Körper, um ihre Freude zu
zeigen. Ihre Bewegungen werden schlängelnd
und windend. Manche Hunde wedeln stark mit
dem Schwanz, andere springen Leute zur Begrüßung an. Obwohl das nicht sehr höflich sein
mag, ist es eine freundliche Geste. Der Hund
versucht so nah wie möglich an dein Gesicht
zu kommen! Andere Hunde bringen der Person,
die sie begrüßen, ein Spielzeug als eine Art
Geschenk.

Hab mich lieb

Die meisten Hunde lieben Zuneigung und mögen es, gestreichelt und berührt zu werden,
besonders an der Brust und am Hinterteil.
Viele Hunde verlangen nach dieser Aufmerksamkeit, indem sie sich der Person nähern,
ihren Kopf gegen sie lehnen und mit sanften,
zusammengekniffenen Augen hochschauen.

Dein Hund wird dir vielleicht auch die Pfote
geben, um deine Aufmerksamkeit zu bekommen. Diese Geste stammt noch aus der Zeit,
als er ein neugeborener Welpe war. Damals

Diese Hunde sind glücklich
und zufrieden.

HUNDEFAKTEN

Nach dem Kopf eines Hundes zu greifen kann ein wenig bedrohlich wirken, und die meisten Hunde bevorzugen es, an der Brust oder am Bauch gestreichelt zu werden.

CHECKLISTE GLÜCK

Weißt du, was deinen Hund glücklich macht? Kreuze die Kästchen an, die auf ihn zutreffen.

- ☐ An der Brust kraulen
- ☐ Mit Spielsachen toben
- ☐ Fressen!
- ☐ Verstecken spielen
- ☐ Am Hinterteil gekratzt werden
- ☐ Jagdspiele
- ☐ Ruhig und schläfrig in deiner Nähe sein

presste er mit seiner Pfote gegen den Bauch der Mutter, um nach Milch zu verlangen.

Hunde können auf sehr raffinierte Art nach Zuneigung verlangen. Manche nähern sich und drehen sich dann um, damit man das Hinterteil kratzen kann. Das erscheint uns vielleicht etwas seltsam, doch der Hund will so sagen: „Ich bin keine Bedrohung. Ich habe an diesem Ende keine Zähne. Bitte streichle mich!"

Andere finden heraus, dass sanftes, leises Benehmen ignoriert wird, während Bellen, direkt vor dem Fernseher stehen und Spielzeuge durch die Gegend werfen sichere Wege sind, um bemerkt zu werden!

Schläfrige Zufriedenheit

Schläfrige Hunde seufzen tief, wedeln sanft mir ihrem Schwanz, wenn du mit ihnen redest, und geben zufriedene Laute von sich, während sie einschlafen. Viele Hunde sind so gerne mit ihren Besitzern zusammen, dass sie friedlich dösen, wenn sie ihren Besitzer neben sich spüren, aber aufwachen und ihm folgen, wenn er aufsteht!

Viele Hunde lieben es, am Ende ihres Schwanzes gekratzt zu werden, und werden nach mehr verlangen!

Verschiedene Hunderassen verstehen

Es gibt Hunderte von verschiedenen Hunderassen, die sich in ihrem Aussehen und Benehmen unterscheiden. Wenn du einen Mischling besitzt, versuch durch Experimentieren herauszufinden, welche Aufgaben dein Hund liebt.

Der Cavalier King Charles Spaniel wurde als Gesellschafter und Schoßhund gezüchtet. Dieser hier benimmt sich genau, wie er sollte!

Jagdhunde

Jagdhunde haben die Fähigkeit, Beute zu erkennen und diese aufzuspüren. Manche Rassen wie Hetz- und Spürhunde wurden gezüchtet, um im Rudel zu jagen. Sie haben eine eigene Kommunikationsart entwickelt, wenn sie jagen und geben eine Mischung aus Bellen und Heulen von sich. Windhunde haben ein ausgezeichnetes Sehvermögen und können ein bewegliches Ziel aus weiter Ferne erkennen. Zu dieser Gruppe gehören der Afghanische Windhund und der Greyhound.

Jagdhunde wurden gezüchtet, um Beute nach Geräuschen oder Geruch aufzuspüren.

HUNDEFAKTEN

Cocker Spaniel haben sehr lange Ohren. Wenn sie nichts anderes zum Tragen finden können, tragen manche sogar ihre eigenen Schlappohren im Maul!

Herdenschutz- und Hirtenhunde

So heißen Hunde, die andere Tiere zusammentreiben. Sie sind sehr schnell und reagieren aufmerksam auf ihre Besitzer. Daher sind Hirtenhunde wie der Border Collie sehr gut in Hundesportarten wie Flyball und Agility. Sie lieben das Hinterherjagen so sehr, dass sie manchmal Ärger bekommen, weil sie Menschen zusammentreiben wollen!

Apportierhunde

Diese Rasse wurde gezüchtet, um Jagdbeute zu suchen und zurückzuholen. Rassen wie der Golden Retriever, der Labrador oder der Cocker Spaniel gehören zu dieser Gruppe. Viele lieben das Apportieren und heben oft Dinge auf, die sie dir zur Begrüßung bringen. Die meisten dieser Hunde lieben auch noch das Wasser – und waten mit Vorliebe durch matschige Pfützen!

Arbeits- und Nutzhunderassen

Diese Hunde wurden gezüchtet, um Menschen bei der Arbeit zu helfen. Manche wie der Berner Sennenhund zogen Wagen, während andere wie der Dobermann als Wächter dienten. Der Dalmatiner wurde gezüchtet, um hinter Pferdewagen herzulaufen. Er beschützte die reichen reisenden Damen und Herren vor Wegelagerern.

Schoßhunde

Schoßhunde haben ihren Namen daher, dass sie sich zum Kuscheln auf deinen Schoß setzen können! Sie lieben es zu rennen, springen und spielen und können am Training und Hundesport teilnehmen wie jede andere Rasse. Besonders lustig sind Yorkshire Terrier und Cavalier King Charles Spaniels.

HUNDEFAKTEN

Manche Rassen sehen vielleicht nicht aus wie Hirtenhunde, aber ihre Vorfahren waren daran gewöhnt, Vieh zusammenzutreiben, und sie haben immer noch die gleichen Instinkte. Lancashire Heeler und Corgis haben vielleicht kurze Beine, aber eine unglaubliche Ausdauer. Sie wurden gezüchtet, um an den Fersen von Schafen und Kühen zu zwicken, damit sich diese vorwärts bewegen!

Terrier haben immer noch einen starken Instinkt fürs Graben, da das der Zweck ist, zu dem sie gezüchtet wurden.

Hundequiz

Schau dir die Bilder an und teste, ob du erkennst was der Hund „sagt". Wähle Möglichkeit a, b oder c für jedes Bild. Zähle dann deine richtigen Ergebnisse zusammen – wie gut sprichst du „hündisch"?

1

a Ich habe Angst.

b Ich freue mich, bei dir zu sein.

c Ich will spielen.

2

a Ich will, dass du mich jagst.

b Ich bin aggressiv und gefährlich.

c Ich bin ruhig und aufmerksam.

3

a Mir ist langweilig.

b Ich bin wütend – bleib weg.

c Ich bin freundlich – bitte streichle mich.

4

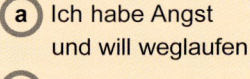
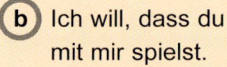

a Ich habe Angst und will weglaufen.

b Ich will, dass du mit mir spielst.

c Ich will, dass du weggehst.

5

a Das ist meins – geh weg.

b Ich teile das gerne mit dir.

c Ich passe nur für einen Freund darauf auf.

6

a Hallo, schön dich kennenzulernen!

b Ich mag dich nicht – geh weg!

c Ich kann nur an Fressen denken.

7

a Ich liebe dich!

b Ich werde dich beißen!

c Ich weiß nicht, was ich von dir halten soll.

8

a Hallo! Bitte trainiere mich!

b Ich bin traurig, lass mich allein!

c Ich habe kein Interesse an dir.

9

a Ich freue mich, dich zu sehen!

b Ich kenne dich nicht – bleib weg!

c Bitte spiele mit mir!

10

a Ich fühle mich schuldig – ich weiß, dass ich was falsch gemacht habe.

b Ich bin glücklich und fröhlich.

c Du scheinst verärgert zu sein und das macht mir Angst.

Dein Ergebnis:

1–3 richtig: Du musst mehr üben. Versuche es noch einmal!

4–6 richtig: Gut. Beobachte die Hunde weiter!

7–9 richtig: Sehr gut. Dein „Hündisch" ist schon super.

10 von 10: Hervorragend! Du bist Experte der Hundesprache!

Antworten:

1. a, 2. c, 3. b, 4. b, 5. a, 6. a, 7. c, 8. a, 9. b, 10. c

Sprachführer Hund

Hunde sind intelligente Tiere, und sie lernen unheimlich schnell. Man kann ihnen die unglaublichsten Aufgaben beibringen, zum Beispiel die Waschmaschine ein- und auszuräumen, das Licht an- und auszumachen und die Tür hinter sich zu schließen. Manche Hunde sind sogar darauf trainiert, ihren Besitzern zu helfen sich anzuziehen, einkaufen zu gehen und den Geldautomaten zu benutzen! Dein Hund wird vielleicht nicht diese Sachen trainieren, doch er wird grundsätzliche Umgangsformen lernen müssen. Er sollte reagieren, wenn du ihm befiehlst, sich zu setzen, sich hinzulegen und zu kommen, wenn er gerufen wird. Es ist einfach, deinen Hund zu trainieren, wenn du weißt, auf welche Art. Und dein Hund wird es lieben, etwas zu lernen!

Überlege dir, wie das Lernen für dich und deinen Hund Spaß machen könnte. Du wirst ein geduldiger Lehrer sein müssen, um deinem Hund beim Verstehen unserer Sprache zu helfen.

Hunde mögen liebe Worte, Leckerlis, Spiele und Zuneigung. Also sei großzügig mit deinen Belohnungen und freue dich, wenn dein Hund erfolgreich ist! Hat er erst einmal die grundlegenden Übungen gemeistert, wirst du vielleicht Lust haben, ihm weitere, fortgeschrittenere Tricks zu zeigen, die nützlich und raffiniert sind oder einfach nur Spaß machen! Versuche es einmal und fordere das Gehirn deines Hundes heraus!

Dein Hund wird gutes Benehmen lernen müssen.

Was Hunde über Erziehung denken

Hunde wissen, wie man sitzt. Sie wissen wie man sich hinlegt und haben Hunderte von anderen Verhaltensweisen. Was sie nicht wissen, ist, wie man all das auf Kommando tut. Manche versuchen Hunden Gehorsam beizubringen, indem sie schreien oder etwas erzwingen. Doch das wird den Hund nur verwirren und er wird seinem Besitzer aus dem Weg gehen wollen. Nutze dein Wissen über Hunde, um ihm zu helfen, Spaß am Lernen von neuen Aufgaben zu haben.

Dein Hund wird dich beobachten, um herauszufinden, was du willst.

Wenn du den Augenkontakt beendest und deinen Körper abwendest, sagt das deinem Hund, dass du nicht länger mit ihm spielst oder ihn trainierst.

Schau und lerne

Die meisten Hunde lernen visuell. Sie beobachten uns, um zu sehen, was wir wollen. Obwohl wir gerne unsere Stimme benutzen, um dem Hund zu sagen, was wir wollen, schnappen viele Hunde unsere kleinsten Körpersprachsignale auf, die ihnen sagen, was sie machen sollen.

In einer Studie wurden Hirtenhundbetreuer gebeten, ihren Hunden Kommandos wie „Sitz" und „Platz" zu geben. Die Hunde waren hervorragend trainiert und reagierten sehr schnell, wenn sie ihre Betreuer klar sehen konnten. Aber als die Hundebetreuer dunkle Sonnenbrillen und einen Hut aufsetzten, machten die Hunde Fehler! Der Grund dafür ist, dass Hunde unsere Mimik beobachten – sogar kleine Bewegungen unserer Augen sagen ihnen, was wir wollen!

SCHAUEN ODER HÖREN?

Finde heraus, ob er stattdessen deine Körpersprache „liest".

🐾 Stell dich vor einen Ganzkörperspiegel.

🐾 Rufe deinen Hund zu dir.

🐾 Befiehl ihm zu sitzen, ohne dich umzudrehen und ihn anzuschauen.

🐾 Schau ihn im Spiegel an!

Manche Hunde werden versuchen, vor dich zu laufen, damit sie dein Gesicht sehen können!

Wenn dein Hund sich gleich hinsetzt, hat er auf deine Stimme gehört. Wenn er eine andere Möglichkeit sucht oder wegläuft, muss er dich wahrscheinlich anschauen können, um zu verstehen, was du willst.

Die große Freiheit

Training verschafft deinem Hund Freiheit. Ein Hund, der sich in der Öffentlichkeit gut benimmt und brav an der Leine geht, wird öfter mit nach draußen genommen als einer, der Chaos verbreitet! Er wird dadurch Gelegenheiten haben, zu rennen und mit anderen Hunden zu spielen.

Brav laufen: Gut trainierte Hunde haben mehr Spaß!

Lernen kann Spaß machen!

Menschen lernen besser, wenn sie Spaß daran haben. So geht es auch unseren besten Freunden. Erinnere dich mal zurück, als du etwas Neues gelehrnt hast. Was auch immer diese Aufgabe war, durch die Freude daran ist die Zeit sicherlich nur so verflogen. Du hattest bestimmt großen Spaß und warst stolz auf deine neue Fähigkeit. Hunde sind nicht anders. Wenn sie das Training genießen, können sie einfach nicht genug bekommen. Sie sind auch oft begierig, ihre neuen Fähigkeiten einfach aus Spaß vorzuführen! Denke daran, alle 10-15 Minuten eine Pause im Training einzulegen. Ihr werdet es beide schwer finden, euch zu konzentrieren, wenn ihr müde werdet.

Belohnung, Belohnung, Belohnung!

Jeder bekommt gerne eine Belohnung und Hunde sind keine Ausnahme. Hunde müssen wissen, dass sie durch gutes Benehmen Belohnungen bekommen, so wie wir eine gute Note für tolle Schularbeiten oder eine bestandene Prüfung erhalten. Belohnungen fördern gutes Verhalten!

Man kann Hunden erstaunliche Tricks beibringen!

Warum sollen wir belohnen?

Ganz einfach, weil man etwas wiederholt, wenn man dafür belohnt wird! Wenn du willst, dass dein Hund ein bestimmtes Benehmen wie z.B. sitzen wiederholt, belohne ihn dafür und er wird es öfter tun! Genau wie wir vermeiden Hunde unangenehme Erlebnisse. Das heißt, wenn du mit deinem Hund schimpfst oder ihn tadelst, wird er dir in Zukunft vielleicht einfach aus dem Weg gehen.

Mehr als alles andere lieben Hunde unsere Aufmerksamkeit. Sie mögen es, wenn wir sie anschauen, mit ihnen sprechen und sie streicheln.

> ### HUNFEFAKTEN
> 🐾 Man kann Hunden erstaunliche Kunststücke beibringen. Sie können Krankheiten erkennen, nach Verbrechern jagen und Blinde führen.
>
> 🐾 Die meisten Hunde können etwas Neues in nur vier Versuchen erlernen, wenn sie dafür gut belohnt werden.
>
> 🐾 Die meisten Hunde können Aufgaben lösen und lieben es. Baue doch z.B. einmal einen Irrgarten zuhause auf!

„Bring" ist ein guter Befehl, und einer, den Golden Retriever sehr mögen.

Das heißt, dass Ausschimpfen manchmal eine gegenteilige Wirkung haben kann. Der Hund wird sein freches Benehmen wiederholen, um mehr Aufmerksamkeit zu erhalten! Bellen ist ein gutes Beispiel. Was, glaubst du, hört dein Hund, wenn er bellt und du ihn anschreist? Wir glauben, dass wir ihn ausschimpfen, aber er denkt, wir bellen Zuspruch.

TOP-TIPP

Viele Leute denken, dass ein Klaps auf den Kopf eine schöne Belohnung für einen Hund ist. Doch nicht viele Hunde mögen es, am Kopf getätschelt zu werden, und fast alle hätten stattdessen lieber einen Hundekuchen. Betrachte das Ganze aus deiner eigenen Perspektive und überlege dir Folgendes: Was hättest du lieber als Belohnung für eine 1 in der Schule – einen Klaps auf den Kopf oder ein neues Fahrrad?

BELOHNUNGSCHECKLISTE FÜR DEINEN HUND

Kreuze in jeder Kategorie die liebsten Belohnungen deines Hundes an und füge neue hinzu:

Spielzeuge

- [ ] Ball
- [ ] Spielzeug zum Ziehen
- [ ] Fußball
- [ ] Quietschies
- [ ] Stofftier

Leckerlis

- [ ] Würstchen
- [ ] Leberstückchen
- [ ] Käse
- [ ] Trockenfutter
- [ ] Hundekuchen

Streicheln

- [ ] Kitzeln an der Brust
- [ ] Kratzen am Hinterteil
- [ ] Streicheln am Rücken
- [ ] Bauchrubbeln

Was ist eine Belohnung?

Eine gute Belohnung ist alles, was ein Hund mag. Theoretisch kannst du alltägliche Aktivitäten, die dein Hund mag, als Belohnungen benutzen: spazieren gehen oder auf der Couch sitzen dürfen. Wenn du jedoch trainierst, wirst du viele kleine Belohnungen in kurzen Zeitabständen verteilen müssen. Das heißt, dass Hundefutter fast immer die beste Lösung ist. Überlege dir, welches Leckerli dein Hund wirklich liebt. Manche Hunde mögen kleine Würstchenstücke, während andere Hundekuchen aus dem Geschäft oder gesunde Alternativen wie kleine Frucht- oder Gemüsestückchen lieben. Wenn du deinem Hund als Mahlzeit Trockenfutter gibst, dann funktioniert auch eine Handvoll davon als Belohnung.

Hundekuchen sind nützliche Hilfen fürs Training.

Der Anfang

Mit dem Training anzufangen, ist ganz einfach. Du brauchst nur etwas Platz und eine ruhige Zeit, zu der dein Hund und du euch wirklich konzentrieren könnt. Hab deine Belohnungen griffbereit – kleine, weiche, Belohnungen sind am besten.

Deinen Hund darauf zu trainieren, aufmerksam zu sein, wenn du seinen Namen sagst, ist der wichtigste Teil seiner Erziehung.

Die Aufmerksamkeit deines Hundes erlangen, wenn du seinen Namen sagst

Deinen Hund dazu zu bringen, dich anzuschauen, wenn ihr drinnen seid, ist leicht. Doch seine Aufmerksamkeit zu bekommen, wenn ihr draußen seid, während er ein Eichhörnchen sieht, ist eine andere Sache!

1 Stell dich vor deinen Hund. Sag den Namen deines Hundes mit einer fröhlichen Stimme.

2 Sobald er dich anschaut, sag „gut" und gib ihm ein Leckerli. Der Ausdruck „gut" sagt ihm, wofür er belohnt wird und motiviert ihn für das nächste Mal.

3 Wiederhole das drei- oder viermal.

4 Jetzt übe es, wenn dein Hund ein wenig abgelenkt ist. Schau, ob du ihn dazu bringen kannst, sich umzudrehen und dich anzusehen, sobald du seinen Namen sagst.

Auf Befehl sitzen

Deinen Hund darauf zu trainieren, auf Kommando zu sitzen, ist einfach und sehr wirkungsvoll! Wenn dein Hund sitzt, kann er nicht weglaufen, hochspringen, Dingen nachjagen, Schuhe stehlen, Spielzeug ankauen ... Also, bringe ihm noch heute bei, auf Befehl zu sitzen!

1 Zeige deinem Hund, dass du ein Leckerli hast. Halte es ihm an die Nase, sodass er es riechen kann.

2 Führe deine Hand hoch und zurück, sodass er hochschauen und deinen Fingern folgen muss. Diese Bewegung führt dazu, dass sein Hinterteil heruntergehen muss. Wenn deine Hand allerdings zu hoch ist, wird er hochspringen und versuchen, das Futter zu schnappen.

3 Sage „gut" und gib ihm die Belohnung, wenn er sich setzt. Sage das Wort „sitz", bevor du den Futterköder bewegst.

4 Wiederhole das einige Male

5 Jetzt musst du deinen Hund dazu bringen, sich hinzusetzen, ohne das Futter zu fressen. Lass die Leckerlis im Behälter, damit du kein Futter in der Hand hast.

6 Befiehl deinem Hund zu sitzen, nur einmal! Wenn er es tut, sage sofort „gut" und gib ihm dann ein Leckerli. Wenn dein Hund nicht auf Befehl sitzt, hilf ihm, indem du vorgibst, ein Leckerli in der Hand zu haben. Sage dann „gut" und belohne ihn für seine Bemühungen.

„SITZ" MACHT SPASS

Norden, Süden, Osten, Westen
Befiehl deinem Hund, sich vor dich zu setzen. Sage „gut" und belohne ihn. Jetzt setze dich um, damit du in eine andere Richtung schaust und befiehl ihm wieder zu sitzen. Wiederhole das noch zweimal, sodass er in allen vier Himmelsrichtungen gesessen hat.

Kluges Sitzen
Befiehl deinem Hund zu sitzen, dann zähle, wie viele Sekunden es dauert, bis er es tut. Wenn er es in unter drei Sekunden schafft, dann wirf das Leckerli, sodass er ihm nachjagen kann. Schafft er es in drei bis fünf Sekunden, bekommt er das Futter aus deiner Hand. Über fünf Sekunden heißt, dass er gar keine Belohnung bekommt!

Teste das Sitzen
Befiehl deinem Hund zu sitzen. Probiere, ob er sitzen bleibt, während du dein Knie beugst, in die Hände klatschst oder neben ihm am Boden sitzt.

Bringe deinem Hund bei, zuverlässig in jeder Situation auf Kommando zu sitzen.

Sauberkeitserziehung

Hunde sind von Natur aus sehr saubere Tiere und werden immer versuchen, ihr Geschäft weit weg von ihrem Lager zu verrichten. Wir müssen ihnen viele Gelegenheiten bieten, draußen ihr Geschäft zu erledigen, damit sie im Haus sauber sind.

Toilette ist wichtig!

Der erste Schritt ist, voraussagen zu lernen, wann dein Hund auf die Toilette muss.
Die Zeiten, die am wahrscheinlichsten sind:

- Nachdem er gefressen hat
- Nachdem er aufgewacht ist
- Nach dem Spielen oder jedem anderen aufregenden Ereignis, z.B. wenn du von der Schule nachhause kommst

Du solltest außerdem in der Lage sein, die frühen Warnzeichen dafür zu erkennen, dass dein Hund rausgehen muss. Die meisten Hunde werden am Boden schnüffeln, im Kreis laufen, in der Hocke sitzen oder einfach abgelenkt erscheinen.

1 Wenn du den Verdacht hast, dass dein Hund mal muss, geh mit ihm raus. Nimm ihn jedes Mal zur gleichen Stelle mit und gib ihm einen Befehl wie: „Sei schnell!"

2 Warte bei deinem Hund, lobe ihn, gib ihm Leckerlis oder spiel ein Spiel, sobald er sein Geschäft beendet hat.

3 Falls dein Hund nach ein paar Minuten noch keine Anstalten gemacht hat, sein Geschäft zu verrichten, nimm ihn wieder mit rein. Du musst ihn ab da die ganze Zeit beobachten, um sicherzustellen, dass er nicht die Gelegenheit bekommt, einen Fehler zu machen.

Wenn du deinen Hund nicht beaufsichtigen kannst, ist es wichtig, ihn auf eine Kiste oder ein Gebiet zu beschränken, das leicht gesäubert werden kann. Schimpfe deinen Hund niemals aus und bestrafe ihn nicht, falls er einen Fehler macht! Es ist nur ein Unfall.

Wir müssen unseren Hunden dabei helfen, sauber zu werden.

TOP-TIPP

Spiele niemals Raufspiele mit deinem Welpen, oder andere Spiele, bei denen er schnappen kann. Das gibt ihm die Erlaubnis, Leute zu beißen, und macht somit alle deine anderen Bemühungen zunichte.

Sterne fürs Sauberwerden

Klebe goldene Sterne in einen Kalender, wenn dein Welpe am richtigen Ort sein Geschäft erledigt hat. Die Anzahl der Sterne sollte jeden Tag steigen!

Beißende Welpen

Beißen während des Spiels ist normal für junge Welpen unter 18 Wochen, aber du musst dem Einhalt gebieten. Wenn dein Welpe beißt, lache, quietsche und schreie nicht. Stattdessen muss er begreifen, dass Beißen schmerzt!

1 Schreie jedes Mal kurz auf oder gib ein lautes „Autsch" von dir, wenn er deine Hände oder Kleider ins Maul nimmt.

2 Ignoriere deinen Welpen für ungefähr 20 Sekunden, dann streichle ihn wieder. Wiederhole das „Autsch" und dreh dich jedes Mal weg, wenn du seine Zähne spürst.

3 Das Beißen deines Welpen sollte über den Zeitraum von drei bis vier Wochen immer sanfter werden. Danach kannst du aufschreien, selbst wenn er sein Maul nur sanft an dich legt. Das lehrt ihn schließlich, dass er dich gar nicht beißen darf.

TOP-TIPP

Dein Welpe wird ab dem Alter von drei Wochen zahnen. Stelle sicher, dass er jede Menge Kauspielzeug hat, an dem er seine neuen Zähne ausprobieren kann.

Lektionen fürs Leben

Alle unsere Haushunde stammen von Wölfen ab und haben nicht alle ihre Gemeinsamkeiten verloren. Untersuchungen haben gezeigt, dass Hunde sich benehmen, als ob sie wild wären, wenn sie als Welpen nicht genügend Kontakt mit Menschen hatten. Diese Hunde lernen niemals, Menschen zu vertrauen oder ihre Gesellschaft zu mögen.

Welpen lernen während einer sehr kurzen Phase ihrer Entwicklung, wie man freundlich gegenüber Menschen ist, nämlich im Alter von 5 bis 12 Wochen. Natürlich lernen Welpen auch noch in der Zeit danach, aber ihre ganze Einstellung wird von ihren Erfahrungen während dieser Phase beeinflusst.

Begrüßung

Welpen sollten so viele verschiedene Leute wie möglich treffen, damit sie sich im späteren Leben sicher fühlen. Kinder, die beim Karneval waren und ihre Gesichter geschminkt haben, müssen einem Welpen völlig unkenntlich erscheinen.

Alle Welpen müssen so vielen Anblicken, Gerüchen und Berührungen wie möglich ausgesetzt werden, um in ihrer Umgebung zurechtzukommen.

TOP-TIPP

Wenn dein Welpe ein wenig nervös wirkt, wenn er etwas Neues sieht, zwinge ihn nicht. Lass ihn in seinem eigenem Tempo Selbstbewusstsein aufbauen. Ignoriere ihn, wenn er besorgt aussieht. Lobe und belohne stattdessen mutiges Verhalten.

Welpen sollten so viele verschiedene Tiere und Menschen wie möglich treffen.

Begrüße deinen Welpen, indem du dich zu ihm runterbeugst.

Welpen-Aktionsplan

Sobald dein Welpe zuhause eintrifft, sollte er mit so vielen Menschen wie möglich zusammenkommen und die Welt um sich herum entdecken. Selbst wenn er noch nicht alle Impfungen bekommen hat, kann er nach draußen getragen werden. Denke daran, dass Welpen allen möglichen, verschiedenen Umgebungen ausgesetzt werden müssen. Das heißt, wenn du auf dem Land wohnst, sind Besuche in der Stadt unerlässlich. Wenn du in einer Stadt lebst, mach einen Ausflug aufs Land!

HUNDEFAKTEN

Vielen Welpen wird am Anfang schlecht im Auto. Kurze und regelmäßige Fahrten mit dem Auto sind unerlässlich für alle Welpen, damit sie mit den Bewegungen des Autos vertraut werden. Nimm deinen Welpen außerdem mit in den Bus und in den Zug. Je mehr Erfahrungen er jetzt sammelt, desto sicherer wird er später mit den verschiedenen Formen des Reisens umgehen können.

DAS HABE ICH SCHON ALLES ERLEBT

Kreuze an, welche dieser Dinge dein Welpe schon gesehen und gehört hat.

Zuhause:

- ☐ Staubsauger
- ☐ Waschmaschine
- ☐ Haartrockner
- ☐ Läutendes Telefon
- ☐ Sprühdosen
- ☐ Teppich/Holzboden
- ☐ Treppen
- ☐ Andere Haustiere wie Katzen

Draußen:

- ☐ Fahrzeuge
- ☐ Menschenmengen
- ☐ Fahrräder
- ☐ Kinderwagen
- ☐ Tierarztpraxis
- ☐ Deine Schule
- ☐ Auf Gras laufen
- ☐ Auf Schotter laufen
- ☐ Offene Flächen
- ☐ Innenstadtgebäude
- ☐ Jogger
- ☐ Vieh oder wilde Tiere
- ☐ Flugzeuge in der Luft

Lass das!

Hunde sind nicht immer engelsgleich! Manchmal benehmen sie sich so, dass wir es sehr anstrengend oder sogar gefährlich finden. Wenn das passiert, sind Hunde meistens nicht grundlos frech. Sie zeigen einfach normales, natürliches Verhalten, mit dem wir manchmal schlecht leben können.

Wenn dein Hund etwas tut, was du nicht magst, versuch, die Situation aus seiner Perspektive zu sehen. Schon bald wirst du das Problem aus einem ganz anderen Blickwinkel betrachten. Wenn dein Hund beispielsweise sehr aufgeregt wird, wenn deine Freunde zu Besuch kommen, dann frage dich, ob diese ihn zufällig belohnen, weil auch sie aufgeregt sind. Wenn dein Hund zu ungestüm ist, frage dich, ob er genügend Bewegung draußen bekommt oder ob ihm im Haus langweilig ist. Wenn du schreist, denkt er vielleicht, dass du zur Ermunterung bellst. Versuche „hündisch" zu denken, statt verärgert zu sein. Du wirst erstaunt sein, was für einen Unterschied das macht.

Sprungfreie Zone!
Springen ist normalerweise ein freundliches Verhalten, besonders bei Welpen. Also ist es wichtig, dass wir die Hunde nicht dafür bestrafen. Überlege dir, wie dein Hund deiner Meinung nach Leute begrüßen sollte – entweder mit allen vieren auf dem Boden oder noch besser im Sitzen!

TOP-TIPP
Viele Hunde lieben es, Spielzeuge zu holen, wenn man von der Schule nachhause kommt. Auch das scheint sie vom Hochspringen abzuhalten.

„Sitzen zur Begrüßung" ist leicht beizubringen:

1 Jedes Springen im Haus sollte von deiner Familie ignoriert werden.

2 Dreh dich um und verschränke die Arme, wenn dein Hund springt. Lobe und streichle ihn, wenn er sitzt oder ruhig bleibt.

3 Es ist sehr wichtig, dass niemand ihn streichelt, wenn er hochspringt – egal, wie froh man ist, ihn zu sehen!

Drehe dich von deinem Welpen weg, wenn er hochspringt.

Aufmerksamkeit stehlen

Sachen aus dem Haus zu stehlen und damit
wegzulaufen, ist ein Hundesport! Leider kann
das später zu allen möglichen Problemen führen,
wenn es in einem frühen Alter angeregt wird.
Sporthunde entdecken besonders schnell, dass
das ganze Haus in Aufruhr gerät, wenn man mit
deinem Spielzeug oder Haarband davonläuft.

Denke wieder aus der Hundeperspektive über
dieses Verhalten nach. Er liegt auf dem Teppich
und wird ignoriert. Er kaut vorsichtig an einem
Hundespielzeug. Immer noch wird er ignoriert.
Gelangweilt steht er auf und wandert zu deinen
Spielsachen hin. Er hebt ein Spielzeug auf.
Plötzlich fällt die ganze Familie über ihn her!
Er läuft weg und ein tolles Fangspiel im Haus
und durch den Garten beginnt! Rate mal, was
er beim nächsten Mal macht, wenn er etwas
Spaß haben will!

Halte deinen Hund vom Stehlen ab

Stelle sicher, dass dein Hund nicht an deine
wertvollsten Sachen herankommt. Wenn dein
Hund etwas aufhebt, was er nicht haben sollte,
aber du es opfern kannst, dann tu es. Sorge
nur dafür, dass dein Hund nichts von dem isst,
was er gestohlen hat. Steh auf und gehe aus
dem Raum, um zu zeigen, dass es dir wirklich
egal ist.

Schreie nicht und jage niemals dem Welpen
nach dem Gegenstand hinterher. Stattdessen
rufe ihn zu dir, lobe ihn und gib ihm ein Leckerli
im Austausch für Sachen, die du nicht opfern
kannst. Arbeite daran, deinem Hund beizubringen, dir Sachen herzuholen (siehe Seite
73). So benutzt du seinen natürlichen Instinkt
und er handelt sich keinen Ärger ein.

Hunde stehlen oft, um eine
Reaktion herauszufordern.

Platz!

Die meisten Hunde lernen, sich hinzulegen, wenn du es befiehlst, aber sie brauchen Motivation. Genau wie du, wenn du Matheaufgaben in der Schule löst, brauchen Hunde Zeit und Geduld, um es richtig zu machen!

Bringe deinem Hund bei, sich hinzulegen

1 Halte ein Leckerli nah an die Nase deines Hundes, dann führe die Hand langsam zum Boden, zwischen seine Vorderpfoten. Drehe deine Handfläche nach unten, mit dem Futter versteckt in der Hand. Er wird nun mit seiner Nase darunter graben wollen und seinen Kopf schief legen, um daran zu lecken.

2 Er wird seine Pfoten heben, um zu versuchen, das Leckerli aus deiner Hand zu schnappen. Sein Vorderkörper wird nach unten in eine Beugehaltung gehen oder er wird sich leicht nach hinten bewegen. Schließlich wird sein ganzer Körper auf den Boden plumpsen.

3 Sag sofort „gut", wenn dein Hund sich hingelegt hat. Dann lass das Leckerli fallen, damit er es fressen kann. Das verhindert, dass der Hund deiner Hand hoch folgt.

4 Wenn du dir sicher bist, dass dein Hund sich hinlegt, indem er deiner Hand zum Boden folgt, kannst du nun das Wort „Platz" sagen, kurz bevor du die Hand bewegst. Übe dies mindestens zwanzig Mal!

Ohne Futter als Lockmittel

1 Zeige deinem Welpen, dass du ein Leckerli hast, dann nimm deine Hand hinter deinen Rücken.

2 Sag dem Hund nun „Platz", aber hilf ihm nicht mit deiner Hand. Die meisten Hunde werden versuchen, zu sitzen oder eine Pfote zu geben, bevor sie auf die Idee kommen, dass Hinlegen funktioniert.

3 Wenn sich dein Hund hinlegt, sage „gut" und gib ihm einige Leckerlis.

4 Wiederhole dies einige Male an vielen, verschiedenen Orten, im Haus und auf dem Hof, bis dein Hund überall zuverlässig darauf reagiert.

Locke deinen Hund langsam in die Position „Platz", indem du ein Leckerli benutzt.

Übe, deinen Hund
über längere Zeit
in der „Platz"-
Position zu halten.

Und jetzt bleib!

Wenn dein Hund gelernt hat, auf Kommando zu sitzen oder liegen, kannst du ihm beibringen, länger in dieser Position zu bleiben, indem du wartest, bevor du „gut" sagst und ihn belohnst.

1 Befiehl deinem Hund zu sitzen oder „Platz" zu machen, zähle bis zwei, dann sage „gut" und gib ihm ein Leckerli.

2 Befiehl deinem Hund zu sitzen oder „Platz" zu machen, warte fünf Sekunden, dann sage „gut" und gib ihm ein Leckerli.

3 Befiehl deinem Hund zu sitzen oder „Platz" zu machen, warte sieben Sekunden, dann sage „gut" und gib ihm ein Leckerli.

4 Befiehl deinem Hund zu sitzen oder „Platz" zu machen, zähle bis 30, dann sage „gut" und gib ihm viele Leckerlis.

TRAININGSSPIEL

Es ist eine Herausforderung für dich, deinen Hund dazu zu bringen, liegen zu bleiben, während du Folgendes machst:

- 🐾 Binde deine Schuhe zu. *(zwei Punkte)*
- 🐾 Steh ganz still, mit deinen Händen über dem Kopf. *(ein Punkt)*
- 🐾 Klatsch in deine Hände. *(drei Punkte)*
- 🐾 Schau eine Werbung im Fernsehen an. *(vier Punkte)*
- 🐾 Geh zwei Schritte weg und zwei Schritte auf deinen Hund zu. *(zwei Punkte)*
- 🐾 Knie auf dem Boden neben deinem Hund und steh dann wieder auf. *(drei Punkte)*
- 🐾 Das Schwerste: Gehe einmal ganz um ihn herum! *(fünf Punkte!)*

Wie hast du dich geschlagen?
Zähle deine Punkte zusammen.
0–4: Oh-oh! Du musst deinem Hund noch besser beibringen, wie er auf Kommando „Platz" macht und dort bleibt.
5–10: Gut gemacht. Versuche die schwierigen Aufgaben noch einmal!
10–15: Hervorragend! Versuche, die volle Punktzahl zu erreichen!
15–20: Genial! Dein Hund und du werdet es weit bringen. Weiter so!

Nimm deine Hände an die
Hüften. Bleibt dein Hund
am Platz?

Auf Zuruf kommen

Dein Hund wird mehr Freiheiten haben, wenn er auf Zuruf kommt. Sorge jedoch dafür, dass die Gegend sicher genug ist, um deinen Hund von der Leine zu lassen, und dass es keinen Straßenverkehr oder andere Tiere in der Nähe gibt. Behalte ihn an der Leine, wenn kein Erwachsener dabei ist.

Der Anfang

1 Stelle dich bei dir zuhause nur ein paar Schritte weg von deinem Hund hin und rufe ihn mit freundlicher Stimme. Zum Beispiel: „Timmy, komm her!"

2 Wedle das Leckerli in deiner ausgestreckten Hand, um deinen Hund zu ermuntern, zu dir zu kommen. Dann bewege dich rückwärts, benutze das Leckerli als Lockmittel. Wenn dein Hund auch nur einen Schritt in deine Richtung kommt, sage „gut" und gib ihm einige Leckerlis, die du vor dir auf den Boden fallen lässt.

3 Verlängere nun langsam den Abstand, den dein Hund zurücklegen muss, um das Futter zu erhalten. Lobe ihn oft. Spiel auch etwas mit ihm zur Belohnung.

4 Jetzt übe, deinen Hund in unerwarteten Momenten zu dir zu rufen. Er sollte den Rückrufbefehl richtig gut können, bevor du ihn im Park oder Wald übst, wo es mehr Ablenkungen gibt. Hier kannst du eine lange, ausziehbare Leine benutzen, wenn du dir unsicher bist, wie dein Hund reagieren wird. Denke daran, dass das Lob und die Belohnungen umso mehr sein müssen, je mehr Ablenkungen es gibt!

Dein Hund sollte gerne zu dir kommen, wenn du ihn rufst. Versuche, ihn nur für schöne Dinge zu dir zu rufen wie Umarmungen, Futter oder Spaziergänge.

TOP-TIPP
Schimpfe deinen Welpen niemals dafür aus, wenn er lange braucht, um zu dir zu kommen – das wird ihn nur ermutigen, das nächste Mal umzukehren!

Draußen sein macht Spaß!

Manche Hunde sind sehr gut darin, auf Zuruf zu kommen, weil sie wissen, dass ihr Besitzer ihnen wunderbare Leckerlis geben oder Spiele mit ihnen spielen wird. Andere Hunde stellen sich im Park taub – wahrscheinlich, weil ihr Besitzer sie ignoriert, bis es nachhause geht! Das zeigt dem Hund, dass sein Besitzer – verglichen mit den Eindrücken und Gerüchen um ihn herum – sehr langweilig ist. Sorge dafür, dass du viel mit deinem Hund spielst, wenn ihr spazieren geht. Gib ihm viele Belohnungen dafür, dass er während des Spaziergangs zu dir zurückkommt, und nicht nur, wenn du ihn an die Leine legst, um mit ihm nachhause zu gehen!

RÜCKRUF–RENNEN

Das ist ein schönes Spiel für die ganze Familie. Dein Hund wird dir zeigen, wer ihm das schönste Lob und die besten Leckerlis dafür gibt, dass er kommt, wenn er gerufen wird.

- Jedes Familienmitglied bekommt die gleiche Anzahl an Leckerlis – z.B. 20.
- Verteilt euch so, dass ihr ungefähr im gleichen Abstand zueinander steht.
- Die erste Person ruft den Hund und alle zählen, um herauszufinden, wie lange der Hund braucht, um zu dieser Person zu laufen.
- Sobald er kommt, sagt man „gut" und gibt ihm ein paar Leckerlis.
- Dann ruft der Nächste den Hund und versucht, das Ergebnis des Ersten zu toppen.
- Macht weiter, bis jeder in der Familie zweimal dran war oder bis alle Leckerlis weg sind!

Deine ganze Familie kann dabei helfen, deinem Welpen beizubringen, zu kommen, wenn er gerufen wird.

An der Leine gehen

Der Hauptgrund dafür, dass Hunde an der Leine ziehen, ist, dass sie dafür belohnt werden! Durchs Ziehen gelangen sie schneller in den Park und führen ihre Besitzer dorthin, wohin sie wollen, anstatt umgekehrt!

Das Leinentraining solltest du an einem ruhigen Ort beginnen und nicht dann, wenn du mit dem Hund in den Park willst! Hunde brauchen Informationen darüber, wann sie an der richtigen Stelle sind, wenn sie brav an der Leine gehen. Hier kommt das Wort „gut" als eigenes Signal richtig zur Geltung. Statt ihn fürs Ziehen an der Leine zu schimpfen, nimm ihm den Spaß daran, indem du einfach still stehst. Wenn der Hund an der richtigen Stelle ist, lass es ihn wissen, indem du „gut" sagst, ihm ein Leckerli gibst und dann vorwärts gehst.

Alle Hunde müssen darauf trainiert werden, brav an der Leine zu gehen.

Geh voran!

1 Lege deinen Hund im Wohnzimmer, im Hausflur oder auf dem Hof an die Leine. Halte die Leine nah an deinen Körper, um zu verhindern, dass du zum Hund gezogen wirst. Geh keinen einzigen Schritt, wenn die Leine gespannt ist.

2 Halte ein Leckerli in deiner anderen Hand. Zeige ihm, dass es dort ist! Sobald dein Hund die Leine locker lässt und dich anblickt, sage „gut" und gib es ihm.

3 Gehe ein oder zwei Schritte in eine beliebige Richtung. Wenn die Leine anspannt, stehe still oder ändere plötzlich die Richtung. Gehe nicht in die Richtung, die dein Hund gehen will, wenn die Leine spannt!

4 Jedes Mal, wenn die Leine locker hängt, sage „gut" und gib ihm ein Leckerli.

5 Wiederhole dies einige Male, höre dann auf und spiele mit ihm. Sei am Anfang großzügig mit dem Futter.

Wenn das Training im Haus und auf dem Hof gut klappt, kannst du beginnen, auf Spaziergängen zu üben. Erwarte am Anfang nicht zu viel! Zunächst stehst du vielleicht mehr still, als dass du vorwärts gehst, aber sei geduldig!

Ein geeignetes Halsband und eine gute Leine

Hunde brauchen ein Halsband, das so weit wie möglich und mindestens 2 cm breit ist, um sicher und bequem zu sein. Du solltest zwei Finger unter das Halsband schieben, um zu überprüfen, dass es ordentlich sitzt. Deine Hundeleine kann aus jedem Material – wie Leder oder Nylon – hergestellt sein. Kettenleinen sind jedoch unbequem zu halten und können deinen Hund erschrecken, wenn du sie aus Versehen fallen lässt.

Zueinander passende Leinen und Halsbänder gibt es in allen möglichen verschiedenen Ausführungen, Farben und Mustern. Du kannst sogar schicke Halsbänder und Leinen mit Schmucksteinen oder blinkenden Lichtern für Nachtspaziergänge kaufen!

Kopf-Halsbänder hindern deinen Hund daran, an der Leine zu ziehen (rechts). Ein Hundegeschirr ist eine angenehme Alternative (oben). Würgehalsbänder und Stachelhalsbänder sollten niemals benutzt werden. Es gibt keinen Ersatz für viel Übung und gutes Training!

Speisen und Gegenstände verschonen

Hunde entdecken die Welt, indem sie Dinge mit ihrem Maul aufheben, um zu testen, wie diese schmecken und sich anfühlen. Außerdem klauen sie, um Aufmerksamkeit zu bekommen. Verhindere, dass dein Spielzeug zerkaut wird!

Um deinem Hund das Kommando „Aus" beizubringen, gehe an einen ruhigen und leisen Ort. Wenn dein Hund gierig ist oder seine Zähne benutzt, bitte einen Erwachsenen, dir am Anfang zu helfen.

1 Halte ein Leckerli fest in der Hand. Halte die Hand deinem Hund hin und warte, während er schnüffelnd und leckend versucht, das Futter zu bekommen. Bleib leise. Halte deine Hand möglichst still.

2 Öffne die Hand ganz behutsam. Sobald dein Hund seine Nase von deiner Hand wegnimmt, selbst für eine kleine Sekunde, sage „gut", dann gib ihm ein Leckerli.

3 Wiederhole das einige Male. Viele Hunde lernen in vier Versuchen, ihr Maul von der Hand wegzunehmen.

4 Jetzt musst du, nachdem dein Hund seine Nase von deiner Hand weggenommen hat, warten, bis du bis drei gezählt hast. Dann sage „gut" und gib ihm ein Leckerli. Viele Hunde drehen ihren Kopf ganz weg. Das ist ein gutes Zeichen!

5 Warte immer länger, nachdem dein Hund seine Nase schön weit weggenommen hat, bis zu zehn Sekunden. Jetzt kannst du den Befehl „Aus" einfügen. Sage es mit einer ruhigen, leisen Stimme, bevor der Hund das Futter sieht.

6 Wenn der Hund erst einmal den Bogen raus hat, wiederhole die Übung, doch sag dieses Mal „Aus", dann zeige ihm das Futter auf deiner geöffneten Hand. Wenn er versucht, es zu nehmen, schließe deine Finger. Zucke nicht mit deiner Hand zurück.

7 Weite die Aufgabe aus, indem du mit Futter auf deiner Hand, auf Oberflächen und auf dem Boden übst. Nach einer Menge Wiederholungen lernen Hunde jeden Alters sehr schnell, dass das Wort „Aus" bedeutet: „Rühr das nicht an!"

Achtung! Hunde sind geniale Plünderer. Wenn du Essen unbeaufsichtigt liegen lässt, werden sie es fressen!

Wenn du das Kommando „Aus" beibringst, halte ein Leckerli fest in deiner Hand. Warte, bis der Hund seine Nase wegnimmt, bevor du ihn belohnst.

Teste dein Training

Wie gut sind deine Trainingsfähigkeiten? Vergiss nicht, deinen Hund zu belohnen und zu loben!

Aufgaben	Antwort deines Hundes		
	Super	Gut	Mehr Üben!
Befiehl deinem Hund, viermal hintereinander zu sitzen.			
Befiehl deinem Hund, „Platz" zu machen. Dein Hund muss unten bleiben.			
Führe deinen Hund an einer losen Leine umher. Ziehen ist nicht erlaubt.			
Befiehl deinem Hund, für zehn Sekunden ein Stück Futter auf deiner geöffneten Hand zu lassen.			
Befiehl deinem Hund zu sitzen und dann zu liegen, ohne ein Stück Futter in deiner Hand zu haben.			
Befiehl deinem Hund sitzen zu bleiben, während ihm seine Leine angelegt und wieder abgenommen wird.			
Rufe deinen Hund aus einem anderen Zimmer zu dir, aber nur ein Mal. Kommt er gleich zu dir?			

Deine Ergebnisse:
7 von 7: Hervorragend! Herzlichen Glückwunsch!
4 von 7 oder mehr: Gut gemacht. Weiter so!
Weniger als 4 von 7: Braucht mehr Übung. Denk daran, dass jeder Hund in seinem eigenen Tempo lernt.

Verblüffende Tricks!

Aus der Sicht deines Hundes sind alle Übungen und Aufgaben, die du ihm beibringst, Tricks. Also lass es immer spaßig und fröhlich zugehen!

Herumrollen

Deinem Hund das Herumdrehen auf Kommando beizubringen, wird die Fellpflege vereinfachen und das Vertrauen deines Hundes in dich stärken. Es ist außerdem ein toller Trick, besonders, wenn man ihn gut eingeübt hat.

1 Sag ihm, dass er sich hinlegen soll.

2 Schau, zu welcher Seite seine Hüften angewinkelt sind. Halte ein Leckerli nah an die Seite seines Mauls und locke seinen Kopf, sodass er nach hinten, über seine eigene Schulter, schaut.

3 Führe das Leckerli ans Ende, sodass dein Hund auf seine Seite plumpst.

4 Ermutige deinen Hund die ganze Zeit über. Halte das Futter gut fest, während er richtig auf seinen Rücken rollt. Lobe ihn dann ausgiebig.

5 Lass ihn selbst herausfinden, was er tun muss, um das Lob „gut" und das Leckerli zu bekommen.

6 Sage den Befehl „Roll dich", aber nur, wenn dein Hund es ganz allein macht.

7 Perfektioniere den Trick so lange, bis dein Hund vom Stand aus eine Rolle machen und dann wieder aufstehen kann. Das macht einen großen Eindruck!

Deinem Welpen das Herumrollen beizubringen, stärkt sein Selbstvertrauen.

Manche Hunderassen, wie z. B. Dobermann oder Whippet, werden es vielleicht recht schwer finden, diesen Trick auf harten Oberflächen zu bewältigen, da sie knochige, ungeschützte Rücken haben. Versuche es auf einer weichen Decke oder einem Teppich und belohne sie sogar für die kleinste Bemühung.

Gib Pfötchen

Ein süßer Trick. Es sieht so aus, als ob der Hund die Hand schüttelt.

1 Ermutige deinen Hund zunächst, vor dir zu sitzen. Gib ihm ein winziges Stück Futter aus deiner Hand.

2 Halte ein anderes Stück fest in deiner geballten Faust, nah am Boden. Du sagst „gut", dann gib das Leckerli in dem Moment frei, in dem dein Hund seine Pfote bewegt. Die meisten Hunde werden zunächst einmal versuchen, mit ihrer Nase oder ihrem Maul am Futter zu schnüffeln. Wenn du das Futter festhältst, wird er eine andere Taktik versuchen, indem er deine Hand mit seiner Pfote berührt. Belohne ihn sofort. Wiederhole das mindestens viermal.

3 Jetzt stelle eine Regel auf: Dein Hund muss absichtlich deine Hand mit seiner Pfote berühren, bevor er seine Belohnung bekommt.

4 Hebe deine Hand einige Zentimeter vom Boden hoch. Dein Hund wird sich höher strecken müssen, um deine Hand mit seiner Pfote zu berühren.

5 Wenn dein Hund dir ganz zuverlässig seine Pfote gibt, kannst du das Kommandowort hinzufügen. Sag „Pfote" oder „Gib Pfötchen", dann warte. Bald schüttelt dein Welpe deine Hand auf Befehl!

Manche Rassen scheinen besonders gut darin zu sein, auf Kommando die Pfote zu geben. Golden Retriever, Labradore und Springer Spaniel sind oft Experten darin.

Guten Tag! Bring deinem Welpen bei, Pfötchen zu geben.

Mehr verblüffende Tricks!

Drehen

Manche Hunde, wie z.B. Collies oder Jack Russell Terrier lieben den Drehtrick besonders. Wenn du ein besonders guter Trainer bist, kannst du deinem Hund beibringen, sich auf der Fußmatte rundherum zu drehen, sodass er seine eigenen Füße abputzt, wenn ihr von draußen kommt!

1 Bewege ein Leckerli in einem großen Kreis, um deinen Hund herum zu locken. Sobald er einen vollen Kreis gedreht hat, sage „gut" und gib ihm ein Leckerli.

2 Wiederhole das einige Male, bis dein Hund sich in einem Kreis bewegt, um automatisch deiner Hand zu folgen.

3 Jetzt locke deinen Hund herum, jedoch ohne ein Leckerli in deiner Hand. Sage „gut" und gib ihm ein Leckerli, wenn er sich einmal ganz herumdreht.

4 Sag „dreh dich", kurz bevor du beginnst, deine Hand zu bewegen. Übe dies einige Male, bis dein Hund beginnt, sich zu bewegen, wenn du das Wort sagst.

5 Damit der Trick richtig professionell aussieht, ist es besser, wenn der Hund nur auf das Wort anstatt auf das Handsignal reagiert. Steh gerade und gib den Befehl „dreh dich". Wenn er es tut, sage „gut" und gib ihm eine ganze Hand voller Leckerlis! Wenn er einen Moment lang zögert oder verwirrt schaut, hilf ihm, indem du eine winzige Bewegung mit deiner Hand machst.

Die meisten Hunde werden sich gerne für ein Leckerli umdrehen. Bewege deine Hand am Anfang langsam.

Achterknoten

Nimm dir Zeit, um den folgenden Trick langsam und vorsichtig zu lehren, besonders, wenn du einen großen Hund oder kurze Beine hast.

1 Steh still und halte ein Leckerli in jeder Hand.

2 Beuge dein rechtes Knie nach vorne und locke deinen Hund unter deinem rechten Bein hindurch, mit dem Leckerli in der rechten Hand. Sage „gut" und gib ihm die Belohnung.

3 Wiederhole das einige Male, damit dein Hund ganz sicher darin wird, durch und unter deinem gebeugten Bein herzulaufen.

4 Statt ihm das Leckerli zu geben, nachdem er durch dein rechtes Bein gelaufen ist, zeige ihm gleich, dass du auch ein Leckerli in deiner linken Hand hast – hinter deinem linken Knie. Locke ihn durch und unter dein linkes Bein, sage dann „gut" und gib ihm die Belohnung.

5 Füge die beiden Bewegungen zusammen. Du wirst jetzt sehen, dass dein Hund einen Achterknoten durch deine Beine macht! Über diesen Trick sehr oft. Ignoriere den Hund, wenn er Fehler macht – versuche es stattdessen erneut!

Gib deinem Hund sowohl Leckerlis als auch sehr viel Lob und Ermutigung.

Übe den Trick nach einer Weile ohne Futter in deiner Hand. Dann beginne, deinen Hund mit deinen Knien anzuregen, statt ihn mit deinen Händen zu locken. Schon bald kann sich dein Hund zwischen deinen Beinen hindurchschlängeln, selbst, wenn du läufst!

Noch mehr verblüffende Tricks!

Rückwärts laufen

Ein lustiger Trick, der auch nützlich ist! Bewege deinen Hund vom Fernseher weg, zurück auf seinen schmalen Platz oder auf die Waage beim Tierarzt. Das macht viel Spaß!

1 Dein Hund muss vor dir stehen. Halte ein Leckerli ganz nah an seine Nase, sodass er weiß, dass es da ist. Dann bewege es ein kleines bisschen unter den Unterkiefer.

2 Die meisten Hunde werden jetzt einen kleinen Schritt zurückgehen, um zu versuchen, das Leckerli in ihr Maul zu stecken! Sobald er seine Füße zurückbewegt, sage „gut" und gib ihm das Leckerli.

3 Wiederhole das einige Male. Für manche Hunde ist es sehr schwierig, die Verbindung zwischen der Rückwärtsbewegung und der Belohnung herzustellen. Sei also geduldig und sage ganz deutlich „gut", wenn du ihn zurückgehen siehst.

4 Erhöhe langsam die Anzahl der Rückwärtsschritte, die dein Hund machen muss, um die Belohnung zu bekommen. Sag das Wort „zurück", um deinen Hund aufzufordern zurückzugehen, kurz bevor du das Leckerli unter seinen Unterkiefer hältst.

5 Versuche schließlich den Trick ohne ein Leckerli in deiner Hand. Wenn dein Hund nur auf dein Handsignal reagiert, sage „gut" und gib ihm viele Leckerlis auf einmal. Er hat es verdient!

Halte ein Leckerli unter den Unterkiefer deines Hundes und er wird zurückgehen, um es zu bekommen.

Bring

Manche Hunde wie Labradore und Spaniel apportieren von Natur aus Gegenstände. Andere brauchen ein wenig Ermutigung. Wenn dein Hund etwas bringen kann, kannst du ihn auffordern, dir die Post, Kleidungsstücke wie Socken oder sogar die Fernbedienung zu holen! Die Kunst des perfekten Apportierens ist, deinen Hund dazu zu bringen, einen Gegenstand festzuhalten und ihn dir dann zu geben, wenn du danach fragst.

1 Beginne mit einem Objekt, dass dein Hund mag, z.B. ein Stofftier.

2 Halte es in der Hand und biete es deinem Hund an. Wenn er daran schnüffelt, sag „gut" und gib ihm ein Leckerli. Wiederhole das einige Male.

3 Dieses Mal soll dein Hund das Objekt in sein Maul nehmen. Wenn er das tut, lass es ihn für eine Sekunde halten, sage dann „gut" und belohne ihn. Verlängere die Zeit, in der er das Objekt hält, bis zu 20 Sekunden.

4 Jetzt leg den Gegenstand auf den Boden und wackle ihn ein bisschen hin- und her.

5 Sobald der Hund das Spielzeug ergreift, lass es los und gehe sofort zurück. Ermutige deinen Hund, zu dir zu kommen, und dir das Spielzeug zu geben.

Deinem Hund das Zurückbringen beizubringen, hat viele Vorteile.

Vorsicht vor fremden Hunden

Du bist vielleicht ein Experte darin, deinen eigenen Hund zu verstehen, aber sei immer vorsichtig mit fremden Hunden.

Einen Bogen machen

Nähere dich niemals einem Hund, den du nicht kennst. Auch wenn ein Hund freundlich aussieht, will er vielleicht nicht spielen oder gestreichelt werden. Gehe wirklich niemals in die Nähe eines Hundes, der allein unterwegs ist, oder zu einer Gruppe von streunenden Hunden.

Wenn ein Hund bei seinem Herrchen ist, ist es höflich zu fragen, ob du ihn streicheln kannst. Wenn du es darfst, halte deine Hände hin und lass den Hund daran riechen, bevor du ihn berührst. Die meisten Hunde werden lieber an der Brust gekrault.

Sei ein Baum!

Renne niemals schreiend oder mit den Armen fuchtelnd vor einem Hund davon. Benimm dich stattdessen wie ein Baum! Bleib sehr still und verschränke deine Arme. Einen Hund direkt anzuschauen, kann als Bedrohung wahrgenommen werden. Also schau weg und warte, dass er vorbeiläuft. Rufe nach einem Erwachsenen, wenn du Angst bekommst.

Geh auf Nummer sicher

Obwohl es vielleicht sehr verlockend ist, spiele niemals mit einem fremden Hund, außer wenn ein Erwachsener dabei ist. Sogar kleine Hunde können stark und sehr schnell sein, und dich vielleicht unabsichtlich verletzen. Große Hunde können dich vielleicht versehentlich umwerfen.

Bleibe still und ruhig, wenn du dir unsicher wegen eines Hundes bist, den du nicht kennst.

Manche Hunde können Fahrrädern nicht widerstehen. Benutze deins als ein Hindernis, wenn du Angst bekommst.

Hundegefahr!

Nähere dich niemals einem Hund, der angeleint oder an eine Kette gelegt ist. Ärgere keine Hunde hinter Zäunen. Hundemütter mit Welpen, können auch aufgebracht sein, wenn du dich ihnen näherst. Frage einen Erwachsenen, bevor du sie streichelst.

Fahrradalarm

Manche Hunde sind sehr erfreut, wenn sie Kinder auf Fahrrädern sehen. Je schneller du radelst, desto mehr wollen sie dich einholen. Steige dann ab, stehe still, mit dem Rad zwischen dir und dem Hund. Bleib ruhig und warte, bis der Hund das Interesse an dir verliert, bevor du das Rad wegschiebst.

Schlafende Hunde soll man nicht wecken

Störe niemals einen Hund, der schläft, da du ihn überraschen könntest. Genau wie wir können manche Hunde sehr mürrisch reagieren, wenn sie plötzlich aufgeweckt werden!

Nimm mir mein Futter nicht weg!

Versuche niemals, etwas aus dem Maul deines Hundes zu nehmen, selbst wenn du denkst, dass er sich verletzen könnte.

TOPP-TIPPS

🐾 Nähere dich niemals einem fremden Hund!

🐾 Frage immer den Besitzer, bevor du einen Hund streichelst.

🐾 Ärgere niemals einen Hund, schreie und renne nicht.

🐾 Bitte einen Erwachsenen um Hilfe, wenn du Angst hast.

Spiel und Spaß

Hunde lieben es, Spiele zu spielen. Jagen, Fangen, Verstecken und auf Schatzsuche gehen sind ihre Favoriten! Spiele sind aus vielen Gründen wichtig für Hunde: Sie helfen dabei, Freundschaft aufzubauen, sie ermöglichen dem Hund, seinem Jagdtrieb nachzugehen, und sie sind eine tolle Möglichkeit, um sich auszutoben!

In der Wildnis würde ein Hund den größten Teil seines Tages mit der Futtersuche verbringen: Futter zu jagen, zu finden und zu fressen. Er wäre in der Lage, Wurzeln auszugraben und Beeren und Früchte zu finden. Er würde nach Trinkwasser suchen und einen guten Schlafplatz ausfindig machen müssen.

In unserer Welt haben Hunde viel weniger zu tun. Sie bekommen Futter aus einem Napf zu fressen, werden zu Spaziergängen mitgenommen, wann wir wollen, und bekommen Trinkwasser aus der Leitung! Obwohl das ihr Leben vereinfacht, kann es sie auch etwas langweilen und frustrieren. Manche Hunde können ganz schönen Unfug machen, wenn wir ihnen nicht genug zu tun und zu denken geben. Spiele und Rätsel ermöglichen deinem Hund, seine natürlichen Fähigkeiten zu nutzen und auch sein Gehirn zu trainieren. Wie viele kannst du dir ausdenken?

Spiele sind aus vielen Gründen wichtig für Hunde.

Rätsel und Spiele

Dein Hund hat bereits eine spezielle Ausstattung zum Suchen und Rätsel-Lösen – seine Augen, Nase und sein Gehirn! Hunde sind dafür gemacht, in der Wildnis Futter, Unterschlupf und Spielgefährten zu finden. Kein Wunder, dass sie sich langweilen, wenn sie nur neben dem Sofa hocken. Spiele, die deinem Hund erlauben, seine speziellen Fähigkeiten zu benutzen, lassen ihn seine Energie abbauen.

SCHATZSUCHE

Perfekt für: Aktive Hunde, die ihr Spielzeug lieben.

Das brauchst du:
- 🐾 Das Lieblingsspielzeug deines Hundes

Spielregeln:
- 🐾 Befiehl deinem Hund zu warten, während du sein Spielzeug versteckst.
- 🐾 Geh zu ihm und sage ihm, dass er das Spielzeug suchen soll.
- 🐾 Geh mit ihm mit und ermutige ihn, es zu suchen.
- 🐾 Wenn dein Hund gut in dem Spiel ist, wähle jedes mal schwierigere Verstecke!

STREUSUCHE

Perfekt für: Wenn du wenig Zeit hast!

Das brauchst du:
- 🐾 Das Futter deines Hundes
- 🐾 Einen Hinterhof
- 🐾 Einen Kong (ein Gummi-Bauklotz mit einen Loch in der Mitte)

Spielregeln:
Wenn du Trockenfutter fütterst und Zugang zu einem Hof hast:
- 🐾 Befiehl deinem Hund zu sitzen und zu warten, während du sein Futter im Gras verteilst.
- 🐾 Sag ihm, dass er es finden und fressen soll!

Wenn du Dosenfutter fütterst:
- 🐾 Befiehl deinem Hund zu sitzen und zu warten, während du sein Futter mit einem Löffel in dem Kong verteilst.
- 🐾 Er muss dann den Kong bearbeiten, um sein Futter herauszubekommen.

Hunde sind hervorragend darin, versteckte Gegenstände zu finden. Also mach das zu seinem Lieblingsspiel!

BECHERSCHUSS

Perfekt für: Clevere Hunde, die eine Herausforderung lieben.

Das brauchst du:
- 🐾 Ein paar Leckerlis
- 🐾 Eine alte Tasse oder einen alten Becher
- 🐾 Eine Uhr mit Sekundenzeiger oder eine Stoppuhr

Spielregeln:
- 🐾 Befiehl deinem Hund zu sitzen, während du das Leckerli unter den umgestülpten Becher legst.
- 🐾 Fordere ihn auf, das Leckerli zu suchen, und stoppe die Zeit, bis er es findet.

Es gibt verschiedene Methoden, dieses Rätsel zu lösen! Manche werden ihre Pfoten benutzen, um den Becher zu schieben oder umzukippen; andere werden ihre Nase oder Zähne benutzen, um ihn zu bewegen. Manche Schlaumeier werden sogar den Becher am Henkel hochheben, um an das Futter zu gelangen!

FLASCHENPOST

Perfekt für: Hunde, die gerne etwas ausknobeln.

Das brauchst du:
- 🐾 Einige Stücke Trockenfutter oder Leckerlis
- 🐾 Eine große, leere Wasserflasche (teste, ob sie sich zerknautschen lässt, ohne zu splittern)

Spielregeln:
- 🐾 Stecke die Leckerlis in die leere Flasche, während dein Hund neben dir sitzt.
- 🐾 Gib deinem Hund die Flasche und lass ihn herausfinden, wie er das Futter herausbekommt, indem er sie schüttelt und rollt!

Beschäftige das Gehirn deines Hundes und halte es aktiv.

Mit Spielsachen spielen

**Das Spiel ist ein sehr wichtiger Bestandteil im Leben deines Hundes.
Man denkt, dass Spielen der Gehirnentwicklung von Welpen hilft.
Zudem haben sie viel Spaß und üben ihre Jagdfähigkeiten!**

Manche Hunde spielen ganz aufgeregt und jagen und zerren von Natur aus an Spielzeugen. Andere brauchen etwas Hilfe und Ermutigung.

Folge den unten genannten Richtlinien!

1 Erlaube deinem Hund nie, deine Hände, Kleider oder Haare in sein Maul zu nehmen oder auf dem Boden zu ringen. Benutze ein langes Zieh-Spielzeug, einen Ball an einer Kordel oder ein anderes Spielzeug.

2 Bringe deinem Hund bei, das Spielzeug zu ziehen, indem er es tief am Boden hält und wie eine Schlange am Boden entlang bewegt. Erlaube deinem Hund, das Spielzeug zu jagen.

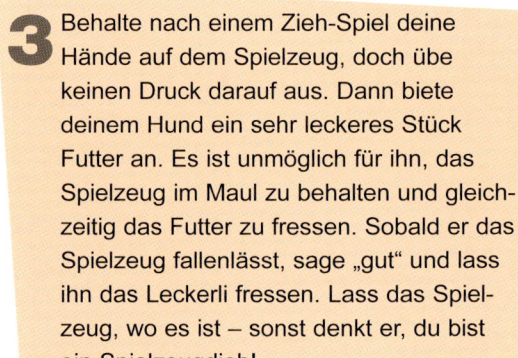

3 Behalte nach einem Zieh-Spiel deine Hände auf dem Spielzeug, doch übe keinen Druck darauf aus. Dann biete deinem Hund ein sehr leckeres Stück Futter an. Es ist unmöglich für ihn, das Spielzeug im Maul zu behalten und gleichzeitig das Futter zu fressen. Sobald er das Spielzeug fallenlässt, sage „gut" und lass ihn das Leckerli fressen. Lass das Spielzeug, wo es ist – sonst denkt er, du bist ein Spielzeugdieb!

4 Sobald dein Hund das Futter verspeist hat, spiele noch einmal und behalte den Ablauf bei. Nach drei oder vier Malen wird er das Spielzeug freiwillig fallenlassen, sobald er das Futter sieht. Sage sehr ruhig „Gib", kurz bevor er es loslässt.

5 Dein Hund muss die goldenen Regeln des Spiels befolgen. Wenn er auch nur deine Hand oder deine Haut mit seinen Zähnen berührt, sagst du „sehr böse" und beendest das Spiel!

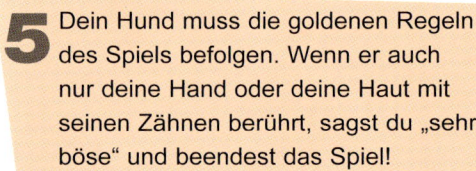

Halte die Spielzeuge nah am Boden beim Spielen und bringe deinem Hund bei, auf Kommando loszulassen!

Allein spielen

Hunde müssen lernen, sich allein zu beschäftigen, wenn sie keine Gesellschaft haben. Das heißt nicht, dass sie durch den Müll wühlen oder die Möbel ankauen sollen! Kauspielzeuge und Spielzeuge, für alleiniges Spielen sind perfekte Alternativen.

Kong-Spielzeug oder hohles Spielzeug wie Activity Balls, die mit Futter gefüllt werden können, sind gut. Alte Pappkartons und leere Wasserflaschen sind auch gut, besonders, wenn man sie mit etwas Trockenfutter füllt! Teste, ob die Plastikflaschen verknautschen, ohne zu splittern.

Doppelte Spielzeug-Magie

Versuche diesen Trick, wenn dein Hund gern Spielzeug nachjagt und es dann behält!

SPIELZEUGE FÜR DEINEN HUND

Um mit dir zu spielen:
- 🐾 Ziehspielzeug
- 🐾 Bälle an Kordeln
- 🐾 Bälle zum Werfen
- 🐾 Fußbälle

Um allein zu spielen:
- 🐾 Kongs
- 🐾 Beißringe
- 🐾 Spielwürfel
- 🐾 Activity Balls
- 🐾 Sichere, leere Wasserflaschen

1 Beginne mit zwei identischen Spielzeugen. Wirf eins zum Hund und lass ihn dem Spielzeug nachjagen und es zurückbringen. Wirf nun deins in die Luft und spiele selbst damit. Dein Hund wird schon bald das Interesse an seinem verlieren und lieber deins haben wollen!

2 Sobald er sein Spielzeug fallenlässt, kannst du deins werfen und dann das andere aufheben. So hast du die Kontrolle über das Spiel!

Benutze zwei identische Spielzeuge, wenn du die Kontrolle über das Spiel behalten willst.

Draußen spielen

Auf der richtigen Fährte

Hunde benutzen sehr oft ihre Nase! Wir Menschen können nur ahnen, wie viele Informationen Hunde durch ihren Geruchssinn aufnehmen. Diese natürliche Fähigkeit deines Hundes nützt ihm beim Suchen und Verfolgen.

Entweder wird ein Geruch zur Verfolgung für deinen Hund oder eine Spur aus Gegenständen gelegt, die dein Hund finden muss. Es ist wundervoll, deinen Hund dabei zu beobachten, wie er der „unsichtbaren" Spur folgt und etwas macht, das so sehr in seiner Natur liegt.

Verfolgungsjagd kannst du alleine oder in einer organisierten Gruppe spielen. Wenn du es alleine probieren möchtest, beginne damit, ein Grasgebiet zu finden – im Park oder Hof –, auf dem seit ein paar Stunden niemand entlanggelaufen ist.

Alle Hunde haben einen tollen Geruchssinn und man kann ihnen beibringen, draußen einer Spur zu folgen.

4 Gehe dann genau den gleichen Weg zu deinem Hund zurück.

1 Binde deinen Hund sicher an oder frage jemanden, ob er ihn festhalten kann.

5 Jetzt nimm deinen Hund mit zu dem Startpunkt. Ermutige ihn, am Boden zu schnüffeln, indem du es ihm mit den Händen zeigst. Lass ihn die Spur verfolgen, dann gib ihm am Ende die Belohnung!

2 Beginne an einem bestimmten Punkt, und stecke einen Stock in den Boden, damit du weißt, wo dein Startpunkt ist.

3 Gehe in einer geraden Linie 10 Schritte weg von dem Ausgangspunkt und platziere Leckerlis in einem Napf oder das Lieblingsspielzeug deines Hundes auf dem Boden.

6 Übe mit deinem Hund, jeden Tag längere Spuren zu verfolgen. Schon bald wird er ein Experte darin sein, dich, deine Freunde, deine Familie oder sogar vorgetäuschte „Kriminelle" zu verfolgen!

Bellender Dribbler

Die meisten Hunde lieben es, Fußball zu spielen! Manche Rassen stoßen den Ball mit ihrer Nase, andere benutzen ihre Pfoten und manche lieben es einfach, Torwart zu spielen.

1 Fordere deinen Hund auf zu sitzen, sodass er konzentriert ist.

2 Platziere das Leckerli unter dem Ball und lasse es deinen Hund finden. Er wird den Ball wegstoßen, um an das Futter zu gelangen. Sage „gut", sobald seine Nase den Ball berührt.

3 Über das ungefähr zehnmal. Hebe den Ball jedes Mal dazwischen hoch.

4 Lege den Ball wieder auf den Boden, jedoch ohne ein Leckerli darunter. Die meisten Hunde werden ihn trotzdem wegstoßen, nur um zu sehen, ob Futter darunter ist. Sage „gut" und gib ihm ein Leckerli, wenn er es tut. Übe dieses Spiel, bis dein Hund den Ball wie ein Profi dribbelt!

„Kick it like Beckham!" Ist dein Hund der nächste Fußballstar?

Sportarten und Veranstaltungen

Es gibt jede Menge Clubs und Veranstaltungen, die mit Hundesport zu tun haben und wo du neue Freundschaften schließen kannst. Manche veranstalten sogar Sommercamps für Kinder und deren Hunde!

Agility – ein Hindernisparcours

Einem Agility-Klub beizutreten ist eine tolle Möglichkeit, um deinen Hund fit zu halten und neue Freunde zu finden! Dein Hund wird lernen, über Hindernisse zu springen, durch Tunnel zu rennen und über hohe Balken zu laufen – ein bisschen wie beim Parcoursspringen.
Jede Rasse kann es versuchen, aber dein Hund muss älter als ein Jahr sein, um am Springen teilnehmen zu können.

Flyball – fliegende Bälle

Flyball ist ein schnelles und aufregendes Spiel, welches auf einem Staffellauf für Hunde basiert. Die Hunde müssen in einer gerade Linie von ihrem Besitzer weglaufen, über vier Hürden springen, einen Tennisball in einer speziellen Box aus- lösen, den Ball fangen und dann über die vier Hürden zurücklaufen, um den Ball an den nächsten Hund im Team zu „übergeben". Jede Rasse und Hundegröße kann daran teilnehmen, da sich die Höhe der Hürden am kleinsten Hund orientieren.

Hunde lieben es, zu springen! Dein Hund muss über ein Jahr alt und gesund sein, um einem Agility-Klub beitreten zu können.

Working Trial – Hunde im Wissens- und Belastungstest

Working Trial wurde entwickelt, um die Arbeitsfähigkeit von Hunden, wie dem Schäferhund zu testen. Hunde lernen, vermisste Objekte zu suchen und aufzuspüren, hohe und lange Sprünge zu bewältigen, bei Fuß zu laufen, eine Hantel zu holen, auf Kommando zu kommen, auf Kommando zu bleiben, und von ihrem Besitzer zu einem bestimmten Punkt geschickt zu werden. Das Training für diesen Sport braucht jede Menge Übung und man ist oft bei jedem Wetter draußen.

Schwimmen

Alle Hunde können schwimmen, obwohl manche Rassen dafür besser geeignet sind als andere. Rassen wie der Neufundländer, Pudel und der portugiesische Wasserhund wurden für die Arbeit im und ums Wasser gezüchtet. Wenn du keinen See oder das Meer in der Nähe hast, brauchst du nicht zu verzweifeln. Die Lösung ist ein Hundeschwimmbad! Manche Schwimmbäder lassen dich sogar mit deinem Hund schwimmen.

Tanzparty

Mit deinem Hund zu Musik zu tanzen, macht unheimlich viel Spaß! Wenn du deinem schlauen Hund schon ein paar Tricks beigebracht hast, kannst du sie zusammenstellen und sie für Freunde und Familie, passend zu einem Lied, das du magst, vorführen. Dein Hund wird den Applaus lieben!

Mit Hunden zu tanzen, wird als Sport immer beliebter.

ENTWIRF EINEN KLEINEN HINDERNISPARCOURS

Du kannst einen kleinen Hindernisparcours in deinem eigenen Garten aufbauen.

🐾 Fertige eine kleine Hürde an. Wähle die Höhe je nach Größe deines Hundes.

🐾 Konstruiere einen „Hundepfad" aus einer Holzplanke, die mittig auf Backsteinen liegt, sodass eine kleine Wippe entsteht.

🐾 Befestige einen Spieltunnel am Boden. (um ein Herumrollen zu verhindern). Es gibt sie in Spielzeugläden und sie sind ein tolles Geburtstagsgeschenk für dich oder deinen Hund.

Fragen, die du schon immer stellen wolltest!

Was ist die kleinste Hunderasse?

Der Chihuahua ist die kleinste Hunderasse. Er kann nur 700 Gramm wiegen und passt als Welpe komplett in deine Hand! Die größten Hunderassen sind der Irische Wolfshund, die deutsche Dogge, der Bernhardiner, der Barsoi, der anatolische Hirtenhund (Çoban Köpeği) und der Mastiff. Sie können eine Schulterhöhe von bis zu 88 cm erreichen.

Ein Chihuahua (links) und eine deutsche Dogge (rechts): Hunde sind unglaublich vielfältig in ihren Persönlichkeiten, ihren Formen und natürlich ihren Größen!

Warum gähnt mein Hund?

Hunde gähnen aus allen möglichen Gründen, nicht nur aus Müdigkeit! Sowohl Hunde als auch Menschen gähnen, wenn sie gestresst und gelangweilt sind oder sich erleichtert fühlen. Durch das Gähnen kann der Hund mehr Sauerstoff aufnehmen. Das heißt, er ist bereit für Aktivität, aber es ermöglicht auch den Muskeln, sich zu entspannen. Gähnen ist hoch ansteckend. Vielleicht musst du sogar gähnen, während du das hier liest! Hunde stecken sich oft untereinander mit dem Gähnen an und kopieren manchmal sogar uns, wenn wir es tun!

Träumt mein Hund?

Es ist sehr wahrscheinlich, dass Hunde träumen, wenn sie schlafen. Manche Hunde knurren, jaulen oder zucken im Schlaf. Natürlich wissen wir nicht wirklich, ob Hunde wie wir in Bildern und Tönen träumen. Aber es scheint sicher, dass Hunde, den Bewegungen nach zu urteilen, die sie im Schlaf machen, auch so etwas wie Albträume haben.

Kann mein Hund Farben sehen?

Natürlich können wir Hunde nicht fragen, was sie sehen können. Wir wissen aber, dass Hundeaugen ziemlich anders als Menschenaugen beschaffen sind und dass sie nicht die gleich Anzahl und Art von Zellen besitzen, die wir für das farbige Sehen benutzen. Obwohl sie wahrscheinlich kein Grün oder Rot sehen können, können sie bis zu einem gewissen Grad andere Farbtöne und Schattierungen unterscheiden. Hunde haben eine viel bessere Nachtsicht als wir. Sie können Gegenstände in der Dunkelheit sehen, als ob sie glühen würden. Hunde sind außerdem in der Lage, Bewegungen viel besser als Menschen wahrzunehmen. Und man nimmt an, dass sie flackerndes Licht besser als wir sehen können. Das heißt, Hunde sehen Fernsehbilder als eine Reihe von Schnappschüssen und nicht als bewegtes Bild.

Man denkt, dass Hunde sich aus einer Art Nestverhalten im Kreis drehen, bevor sie sich hinsetzen.

HUNDEFAKTEN

🐾 Der älteste, aktenkundig festgehaltene Hund war 29 Jahre alt. Er war ein Australian Cattle Dog.

🐾 Der Basenji ist der einzige Hund, der nicht bellt. Stattdessen macht er ein Geräusch, das sich ähnlich wie Jodeln anhört.

🐾 Dalmatiner werden weiß geboren. Ihre Punkte entwickeln sie erst im Alter von zwei Monaten.

Warum drehen sich Hunde, bevor sie sich hinlegen?

Hunde kreisen oft um das Lager herum, bevor sie sich niederlassen. Man glaubt, dass das eine Art von Nestverhalten ist. In der Wildnis würde sich ein Hund zum Schlafen auf Blättern und Moos niederlassen und nicht drinnen auf einem gemütlichen Bett. Unsere Haushunde haben immer noch den Instinkt, ihre Lager so gemütlich wie möglich zu machen. Sie trampeln ihr Lager in eine perfekte Nestform!

Warum macht mein Hund das?

Warum hat mein Hund so große Zähne?

Hunde sind Allesfresser und fressen sowohl Fleisch als auch Gemüse. In der Wildnis müssten Hunde sich ihr Mittagessen erjagen. Ihre langen Vorderzähne sind wie hakenförmige Reißzähne, damit sie ihre Beute packen und das Fleisch zerreißen können. Während unsere Backenzähne für das Kauen geformt sind, sind ihre dazu gedacht, Knochen und Muskeln zu zermalmen. Hundezähne sind hervorragende Waffen – und die Hunde tragen sie immerzu bei sich! Zum Glück lernen Hunde als Welpen, ihre Mäuler auf sanfte Art und Weise zu benutzen.

Hunde haben eindrucksvolle Zähne, mit denen sie ihr Futter reißen, beißen und zermalmen können.

Warum leckt mich mein Hund ab?

Hunde lecken Menschen als Zeichen der Zuneigung ab. Das beginnt, wenn sie Welpen sind und von ihren Müttern sauber geleckt werden, was sich angenehm und beruhigend anfühlt. Welpen lecken außerdem ihre Mütter, um zu zeigen, dass sie hungrig sind. Indem sie um ihr Maul herumlecken, hoffen sie, dass diese etwas Futter für sie erbricht. Durch Ablecken erhalten Hunde außerdem Informationen über Menschen und ihre Umgebung. Hunde haben einen sehr guten Geruchssinn und manchmal probieren sie Sachen zur gleichen Zeit, um diesen Sinn noch zu verstärken. Manche Hunderassen scheinen mehr zu lecken als andere. Flat Coated Retriever sind zum Beispiel bekannt dafür, dass sie gerne und viel lecken!

Lecken ist ein Zeichen von Zuneigung, das schon bei Welpen und ihren Müttern beginnt.

Warum knurrt mein Hund, wenn wir zusammen spielen?

Hunde knurren aus verschiedenen Gründen. Sie machen dieses Geräusch vielleicht, wenn sie sich fürchten oder um uns zu warnen, dass wir uns fernhalten sollen. Jedoch knurren sie auch, wenn sie spielen, um vorzutäuschen, dass sie grimmig sind, als Teil eines Scheinkampfes. Hunde knurren am meisten, wenn sie mit einem Spielzeug spielen und in einem Kampf daran ziehen. Alles in allem ist Knurren während des Spiels nichts, worüber man sich Sorgen machen muss, so lange die Körpersprache deines Hundes entspannt und freundlich ist. Wenn dein Hund seine Zähne zeigt, plötzlich still wird oder seine Zähne während des Spiels an dich legt, höre sofort auf.

Warum läuft mein Hund bogenförmig auf andere Hunde zu?

Hunde grüßen sich höflich, wenn sie auf einem Spaziergang unterwegs sind. Wenn beide Hunde angeleint sind wird einer von ihnen in einem weiten Bogen um den anderen herumlaufen, bevor sie sich zur Begrüßung beschnüffeln. So stellen sie sich einander vor, was weniger bedrohlich ist, als gleich frontal aufeinander zuzulaufen. Es gibt jedem Hund Zeit, den anderen zu beurteilen und bedeutet, dass sie sich durch das höfliche Benehmen des anderen Hundes beruhigt fühlen können.

HUNDEFAKTEN

Hunde haben, wie Menschen, zwei Gebisse. Das erste Gebiss besteht auch bei Hunden aus den Milchzähnen. Sie werden locker und fallen nach und nach aus, wenn der Welpe um die fünf Monate alt ist. Manche dieser Zähne findest du vielleicht auf dem Boden, nachdem dein Welpe gekaut oder gespielt hat.

Hunde grüßen sich gegenseitig auf höfliche und freundliche Art, indem sie sich einander in einem Bogen nähern, statt frontal aufeinander zuzugehen.

Glossar

Agility-Kurs Ein Hinderniskurs für Hunde, mit Hürden, Tunneln und erhöhten Brücken.

Arbeits- und Nutzhunderassen Manche dieser Hunde waren Wachhunde, wie der Dobermann, andere halfen auf Bauernhöfen, wie der Berner Sennenhund, der Wagen zog.

Belohnung Alles, was dein Hund mag, als Gegenleistung für eine gute Leistung; normalerweise Futter oder ein Spiel mit einem Spielzeug.

Bogen spielen Wenn die Vorderseite deines

Hundes unten, aber das Hinterteil oben in der Luft ist, um dich oder einen anderen Hund zum Spiel einzuladen.

Canine Ein Wort, das alles beschreibt, was mit Hunden zu tun hat. Stammt von dem lateinischen Wort für Hund „Canus".

Herdenschutz- und Hirtenhunde Hunde, die auf einem Hof benutzt werden, andere Tiere zu hüten! Ein Beispiel ist der Border Collie.

Hundehalfter Im Gegensatz zu einem Halsband passt das Halfter über die Schnauze und den Kopf des Hundes.

Hundeschnauze Nase und Maul eines Hundes.

Hundezwinger Ein Käfig für deinen Hund, den man drinnen aufstellt.

Jagdhunde Hunderassen, die zur Jagd mitgenommen wurden, um die Beute zu erspähen und aufzuspüren. Sie haben entweder eine hervorragende Sehfähigkeit und sind in der Lage, Dinge aus großer Entfernung zu sehen, oder sie haben exzellente Spürnasen, um Gerüche zu verfolgen.

Kauspielzeug Ein Spielzeug, das speziell zum Kauen entwickelt wurde, wie der Gummiknochen.

Körpersprache Der Hund benutzt seine Körperhaltung, seinen Gesichtsausdruck und Schwanzwedeln, um zu kommunizieren.

Kommando Das Wort, das du benutzt, wenn du willst, dass dein Hund in eine bestimmte Position geht, z.B. „Sitz", oder eine Aufgabe erfüllt, z.B. „Bring".

Kong Ein hohles Gummispielzeug zum kauen. Es kann mit Futter gefüllt werden.

Kreuzung Eine Mischung aus zwei bekannten Hunderassen.

Leckerli Ein kleines Stückchen Futter, das dein Hund gern mag, z.B. Würstchen.

Pflege Bürsten, Kämmen, Nägel schneiden und Zähneputzen für deinen Hund.

Promenadenmischung oder Mischling Eine Mischung von ganz vielen Hunderassen und Arten.

Pubertät Der Zeitraum im Alter von 5-18 Monaten, in dem der Hund einem menschlichen Teenager entspricht.

Saftiges Futter/Trockenfutter Saftiges Futter ist in Dosen abgepackt. Trockenfutter ist ein grobkörniges Granulat und in Kartons oder Säcken verpackt.

Schoßhunde Kleine Hunderassen, die Gesellschaft und Kuscheln auf dem Schoß lieben, z.B. der Cavalier King Charles Spaniel oder der Yorkshire Terrier.

Sozialisation Deinen Hund mit vielen anderen Hunden und Menschen vertraut machen, sodass er sich daran gewöhnt, mit ihnen zu kommunizieren.

Sporthund Eine Hundeart, die traditionell zum Jagen mitgenommen wurde, um geschossene Vögel zu apportieren, z.B. Golden Retriever und Cocker Spaniel.

Spur Zeichen, die von einer Person oder einem Tier hinterlassen wurden. Wir können eine Spur nicht sehen, aber unsere Hunde können sie riechen.

Terrier Hunderassen, die gerne Arbeiten am Boden oder unterirdische Arbeiten erledigen. Terrier jagen z.B. Kaninchen oder Ratten und graben gerne.

Verfolgung Wenn ein Hund seine Nase benutzt, um eine Geruchsspur zu verfolgen, die von einem Menschen oder einem anderen Tier hinterlassen wurde.

Veterinärmediziner Ein Tierarzt.

Wurf Hundegeschwister, die alle am gleichen Tag geboren sind.

Ziehspielzeug Ein Spielzeug, an dem der Hund an dem einen Ende und ein Mensch am anderen Ende zieht. Ein Ziehspielzeug kann ein geknotetes Seil oder ein Ball an einer Kordel sein.

Sprich mit
anderen Freunden,
die auch Hunde
besitzen und
tauscht Eure
Ideen aus!

Webseiten

**Viele Informationen rund um
Hunde, Welpen und Haustiere:**

http://www.hunde.com
http://www.hunde.de
http://www.welpen.de
http://www.snautz.de/hunde
http://www.hundeinfos.de
http://www.haustiere-hunde.de
http://www.hunde.haustiere-info.de
http://www.mensch-und-haustier.de

**Wichtige Natur- und
Tierschutzorganisationen:**

http://www.peta.de
http://www.nabu.de
http://www.wwf.de

Stichwortverzeichnis

Danksagungen

Fotografien

Jane Burton and Kim Taylor (Warren Photographic)
1, 2, 7l, 8, 9, 12m, 13, 20r, 21l, 22, 23, 25l, 26tm, m,
mb, 28l, 32r, 33, 35r, 37, 39, 40b, 43l, 44tl, 44tr, 45tl,
45tr, 52r, 54, 55, 56tl, 59, 63tl, bl, 64, 65br, 68t, 76, 77,
81t, 84b, 90l, 93; Corbis 42r, 86t; David King 27rb;
J.L. Klein & M.L. Hubert (Oxford Scientific Films) 16l;
Andrew Sydenham 18l, 80t.